몸값 높이는
독서의 기술

이 책을 소중한

_____님에게 선물합니다.

_____ 드림

대한민국 직장인을 위한 가장 현실적인 독서법

몸값 높이는 독서의 기술

정소장 지음
김도사 기획

위닝북스

늘 바쁜 인생에서 벗어나고 싶다면 몸값 높이는 독서를 하라!

"책 한 권 다 읽는 것이 진짜 어렵더라!"

책 읽는 어려움에 대해 물어보면 이렇게 대답하는 사람들이 있다. 독서는 책 한 권을 다 읽어야만 하는 것이라고 생각하는 것이다. 그도 그럴 것이 우리는 독서에 대해 체계적으로 배운 적이 없다. 학창시절 공부법에 대해서는 많이 배웠다. 하지만 독서하는 방법을 알려주는 사람은 단 한 사람도 없었다. 우리에게 독서란 그저 책의 첫 장부터 마지막 장까지 다 읽는 것이다.

하지만 책의 분야가 많은 것처럼 독서 방법도 다양하다. 마지막 장까지 다 읽어야 하는 책도 있는 반면에 발췌독으로 읽어야 하는 책도 있다.

지금부터라도 독서에 대해 편하게 생각해 보자. 책 읽는 것을 친구를 사귀는 것이라고 생각하면 어떨까? 우리는 어릴 때부터 친구들을 참 많이도 만나 왔다. 스쳐가는 친구도 있고 오랫동안 친분을 유지하는 친구도 있다. 단 한 번 만났어도 직감적으로 평생 함께할 친구임을 알아보기도 한다. 독서도 마찬가지다.

모든 책을 꼼꼼하게 읽으려고 하면 절대 꾸준한 독서를 하지 못한다. 친구를 만나는 것처럼 가벼운 마음으로 시작하자. 여러 권의 책을 읽다 보면 재미없어서 덮을 수도 있고 한 페이지만 읽어도 엄청난 깨달음을 얻을 수도 있다. 그렇게 조금씩 재미를 붙이면 어떤 책이 나와 맞는지, 내 삶에 도움이 되는지 볼 수 있는 안목이 생긴다. 그렇게 습관을 들이는 것이다. 이제부터 완독의 압박에서 벗어나 새로운 친구를 사귀듯이 책을 읽어 보는 것은 어떨까?

"독서? 인생에 도움 되고 중요한 것도 아는데, 읽을 시간이 없네요."

사람들이 나에게 자주 하는 말이다. 그들은 한결같이 바빠서 책을 읽을 시간이 없다고 한다.

내가 대학생활을 하면서부터 가장 많이 들었던 단어가 있다. 바로 '바쁘다'라는 단어다. 팀별로 프로젝트를 할 때에도 자신의 역할을 하지 못한 팀원은 항상 이렇게 말했다.

"아, 이번 주 너무 바빠서 못했어요."

군대나 직장에서도 마찬가지다. 돌이켜 보면 내 주위에는 바쁘지 않은 사람은 없었다. 나는 바쁘다는 것은 단지 핑계라고 생각한다. 그래서 평소 나는 "바쁘다"라는 말을 하지 않으려고 노력한다. 나에게 있어 "바쁘다"라는 말은 "제가 시간관리를 잘 못해요." 혹은 "지금 이 일이 제 인생의 우선순위가 아니에요."라는 말과 같다.

그렇다면 이 바쁜 인생을 어떻게 해야 바쁘지 않게 살 수 있을까? 나는 아침을 어떻게 활용하는지에 따라 삶을 바꿀 수 있다고 생각한다. 이는 '시간관리'를 유념하는 것이기도 하다.

흔히 시간은 공평하다고 한다. 누구에게나 24시간이 돌아오기 때문이다. 하지만 나는 이 말에 동의하지 않는다. 시간은 누구에게나 동일하지 않다. 아침 시간을 잘 활용하는 사람은 하루를 48시간, 심지어 72시간처럼 사용한다. 아침 시간은 하루 중 집중이 가장 잘되는 시간으로, 어떤 일이든 효율적으로 처리할 가능성이 높다.

아침에 독서하는 것도 마찬가지다. 아침 1시간은 오후의 2시간, 심지어 3시간보다 효율성이 높다. 이는 성공한 수많은 사업가와 대통령들이 증명한 사실이다. 나도 아침 독서를 하면서부터 이렇게 독서법과 관련된 책까지 쓰게 되었다.

이 책은 아침 독서에 대한 나의 생각과 경험을 모두 담고 있다. 책은 총 5장으로 구성되어 있다. 1장에서는 독서를 어떻게 반복할 수 있는지에 대해 이야기한다. 2장에서는 독서에서 중요한 것은 속도가 아니라 습관이라는 것을 알려 준다. 3장에서는 성공한 사람들의 독서 습관에 대해 설명한다. 4장에서는 삶을 성장시키는 독서의 기술을 제시한다. 마지막 5장에서는 아침 독서로 성공적인 인생을 살 수 있음을 강조한다.

이 책이 나오기까지 도움을 주신 〈한국책쓰기1인창업코칭협회〉의 김태광 대표 코치님과 〈위닝북스〉의 권동희 대표님께 감사드린다. 현실에 가려진 나의 꿈과 땅속에 묻혀 있던 능력을 찾아 주셨다. 보이지 않는 것을 보고, 들리지 않는 것을 들을 수 있는 용기를 주셨다. 내 인생의 주인으로 살아갈 수 있도록 아낌없는 조언을 해 주신 것뿐만 아니라 '나'라는 영혼이 지구별에 온 목적에 대해 알게 해 주셨다.

마지막으로, 내가 가고자 하는 길을 응원해 주고 믿어 주시는 부모님과 여동생들에게도 감사드린다.

2019년 9월
정소장

프롤로그 4

PART
1

독서, 어떻게 매일
반복할 것인가?

01 나는 왜 책 읽기가 힘들까? 15

02 기존의 독서 목표를 뒤집어라 21

03 누구라도 일주일에 한 권 읽을 수 있다 27

04 당신이 책을 읽지 않는 진짜 이유 34

05 책을 읽을 때 얼마나 깊이 읽는가? 40

06 매일 책을 읽어야 하는 이유 46

07 일상에 조금의 변화를 주어라 52

PART
2

속도보다 중요한 것은
습관이다

01 좋아하는 장르부터 시작하라   61

02 독서가 생활의 일부가 되게 하라   66

03 책에 대한 책임감을 내려놓아라   72

04 나에게 가장 편안한 장소에서 읽어라   77

05 꼼꼼히 읽어야 한다는 강박관념에서 벗어나라   82

06 확실한 독서의 목적을 설정하라   88

07 삶을 바꾸는 독서가 진정한 독서다   93

08 서평을 쓰면 독서 습관이 달라진다   99

PART 3

몸값 높이는
7가지 독서의 기술

01 먼저 온라인 서점의 서평과 상세 이미지를 읽어라   107

02 인문학과 자기계발서 위주로 읽어라   112

03 데드라인이 있는 독서를 하라   118

04 30분 읽고 10분 사색하라   123

05 3번 반복해서 읽어라   129

06 핵심을 담은 한 문장을 찾아라   135

07 글을 쓰기 위해 읽는다는 생각으로 읽어라   140

PART 4

삶을 성장시키는
8가지 독서의 기술

01 독서의 목적을 세워라   149

02 초스피드로 읽고 싶다면 발췌독을 하라   155

03 생각하는 독서를 하고 싶다면 질문하며 읽어라   160

04 같은 주제를 폭넓게 읽는 수평 독서를 하라   166

05 더 깊이 읽고 싶다면 수직 독서를 하라　　172

06 책의 여백을 활용하라　　178

07 책 속의 책, 인용되는 책을 읽어라　　184

08 서평 쓰는 습관을 들여라　　190

PART
5

아침 독서가
인생의 차이를 만든다

01 책을 읽는 인생이 행복하다　　199

02 아침 독서로 하루를 시작하라　　205

03 아침 1시간 독서가 중요한 이유　　211

04 성공하는 사람들은 출근 전에 읽는다　　217

05 독서는 삶의 이정표를 제시한다　　223

06 아침을 지배하는 사람이 인생도 지배한다　　228

07 아침 독서로 내 삶이 바뀌었다　　234

PART 1

독서,
어떻게 매일
반복할 것인가?

나는 왜
책 읽기가 힘들까?

행동하는 사람 2%가
행동하지 않는 사람 98%를 지배한다.

− 지그 지글러 −

독서는 습관이 가장 중요하다

2019년 6월 1일 토요일은 특별한 날이었다. 나의 첫 책인 《퇴근 후 1시간 독서법》의 예약판매 2일 차가 되는 날이었다. 그 책은 바로 YES24와 교보문고에서 베스트셀러가 되었다. 그날 나는 서울 집에 갔다. 오랜만에 부모님과 식사하기 위해서였다. 항상 조용하고 무미건 조한 우리 집이었다. 그런데 내가 작가가 되니 정말 집 분위기가 달라 졌다. 가장 피부로 와닿은 것은 부모님의 반응이었다. 특히 우리 아버 지는 웬만한 일로 격하게 반응하지 않으신다. 내가 시울대학교와 삼 성전자에 합격했을 때도 이런 말씀을 하셨다.

"소장아, 서울대 합격했다고 인생 끝나는 것이 아니다. 더 열심히 해야 돼. 인생이란 원래 끝없이 열심히 살아야 되는 것이야!"

"소장아, 삼성전자 합격했다고 인생 끝나는 것이 아니다. 더 열심히 해야 한다. 인생이란 모름지기 끝없이 노력해야 하는 것이란다!"

보통 자식이 좋은 대학교와 좋은 회사에 합격하면 부모님들은 정말 좋아하신다. 그런데 우리 아버지는 항상 근엄하고 진지하셨다. 살짝 서운한 마음이 들어 나는 이런 생각이 들었다. '아니, 우리 아버지는 내가 우리나라 최고의 대학에 합격했는데 별로 안 기쁘신가 보네?', '우리나라 최고의 기업에 합격했는데도 별로 안 좋아하시네? 우리 아버지 맞나?'

심지어 아버지께서는 절대 친구들에게도 자식 자랑하신 적이 없었다. 그런데 내가 작가가 되자 친구들에게 전화로 엄청 자랑하시는 것이었다. 그것도 엄청 크게 웃으시면서 말이다. 나는 내 눈과 귀를 의심했다

"우리 아들이 작가 됐다. 베스트셀러 작가 됐어! 야, 너 책 하나 사라. 아니다, 너 회사 사장이지? 한 10권 사서 직원들도 읽으라고 해라. 야, 인마. 우리 아들이 작가가 됐어! 그래. 좋은 일이라 연락했다, 인마!"

그렇게 아버지는 연락처에 있는 친구들에게 하루 종일 자랑을 하셨다. 그리고 나는 어머니와 이야기를 나누었다. 어머니는 이런 말씀을 하셨다. 책 읽는 것이 좋다는 것을 누구나 알고 있다고. 그런데 일

반 사람들은 잘 안 읽게 된다고. 왜냐하면 책 읽는 습관이 없으니까 읽기 어렵다고 하셨다. 심지어 마음 한편에 책 안 읽는 것에 대해 풀지 못한 숙제처럼 남아있다고도 말씀하셨다.

바로 이것이다. 독서 습관이 자리 잡지 않으면 책 읽기가 정말 어렵다. 시중에는 여러 가지 독서법 관련 책이 많다. 누구는 아침에 읽어야 한다고 한다. 누구는 퇴근하고 나서 읽어야 한다고 한다. 또 누구는 틈틈이 읽어야 한다고 한다. 많은 작가들이 독서법에 대해 주장하는 것들을 보자. 결국 모든 독서법에서 말하는 공통점은 '습관'이다. 독서도 습관이 가장 중요하다는 것을 알 수 있다.

무의식적으로 책을 읽게 만들어라

나 역시 태어나서부터 책을 좋아했던 것은 아니다. 나도 대학교 3학년 여름까지는 전혀 책을 읽지 않았다. 딱 공부를 위한 교과서, 대입 자기소개서에 활용할 책만 읽었다. 내가 자발적인 의지를 가지고 읽은 책은 단 한 권도 없었다. 그런 나도 대학교 3학년 때 책을 읽기로 결심했다. 이유는 당시 〈서울대학교 리더십 콘퍼런스〉라고 하는 행사를 운영하는 L 팀장 덕분이었다. L 팀장은 28세의 젊은 나이에도 불구하고 200명이 넘게 오는 이 행사를 총 7번이나 운영했다. 그것도 아주 성공적으로 운영했다. 나는 그런 그가 멋있다고 생각했다. 그래서 그를 닮고 싶었다.

어떻게 그가 그렇게 일도 잘하고 말도 잘하는지 궁금했다. 그래서 나는 그에게 물어봤다. 그랬더니 그는 책을 많이 읽었다고 했다. 거의 수천 권의 책을 읽었다고 했다. 당시 L 팀장은 나의 선망의 대상이었다. 그래서 나도 그를 따라 책을 읽기 시작했다. 그런데 문제가 생겼다. 도대체 무슨 책부터 읽어야 될지 몰랐던 것이다. 책이라고는 교과서밖에 몰랐던 바보였다. 나는 책을 못 골라서 몇 날 며칠을 보냈다. L 팀장이 읽는 책들은 너무 어려워 보였다. 말로만 듣던 인문고전 책들이었다. 나는 느낌적으로 그런 책들은 절대 못 읽을 것이라고 생각했다. 그래서 당시 유행했던 《해리 포터》 시리즈를 읽었다.

나는 그때 다시 한 번 알게 되었다. 나는 책과 별로 안 친하다는 것을. 《해리 포터》는 전 세계 사람들이 열광한 책이다. 그런데 나는 책을 펴자마자 자곤 했다. 그대로 포기할 수만은 없었다. 수많은 사람이 재밌게 봤다고 하는 책이었다. 그런 책이 나한테는 재미 없다고 인정하기가 부끄러웠다. 자존심도 상했다. 그렇게 몇 번이나 시도했을까? 책의 첫 페이지를 보다가 자고. 또 책을 펴면 보다가 자고. 거짓말 안 보태고 거의 20번은 책을 보다가 잔 것 같다. 결국 나는 전 세계 사람들이 열광한 그 책 읽기를 포기했다.

나는 2014년도부터 직장생활을 시작했다. 2015년에 운 좋게도 강남역 8번 출구에 있는 삼성전자에서 일했다. 당시 우리 집 앞에 있었던 2호선 대림역에서 전철을 타면 강남역까지 약 25분 걸렸다. 그 시간 동안 나는 매일 책을 읽었다. 아무리 힘들고 피곤해도 책을 읽었다. 전날 술을 많이 마셨어도 책을 읽었다. 책을 읽으면서 회사 정문 앞까지 걸어갔다. 그런 나를 보고 놀라는 사람들도 많았다. 어떻게 그렇게 책을 읽냐며. 그런데 나는 별로 놀라울 것도 없었다. 그저 매일 똑같은 시간에 책을 읽는 습관이 있었기 때문이다.

나의 독서 습관은 무의식적으로 생겼다. 꾸준히 책을 읽다 보니 나도 모르는 사이 생긴 것이다. 나는 집 현관문을 나서는 순간부터 책을 읽었다. 마을버스에서도 읽었다. 지하철에서도 읽었다. 그렇게 회사 입구에 도착할 때까지 책을 읽었다. 나는 아무 생각 없이 무조건 습관부터 들였다.

먼저 습관을 들이면 책 읽기는 수월하다

지금 이 책을 읽는 독자분들도 알 것이다. 습관은 성공으로 가는 열쇠라는 것을. 왜냐하면 습관은 무엇이든 이룰 수 있는 저력을 가지고 있기 때문이다. 오죽하면 도스토옙스키도 이런 말을 했을까?

"습관이란 인간으로 하여금 어떤 일이든지 하게 만든다."

이때의 습관 덕분에 요즘에도 나는 항상 아침에 책을 읽는다. 한 번 책 읽는 습관을 들이면 언제든지 책을 읽을 수 있다. 내 몸이 기억하고 있는 것이다. 꾸준한 습관을 들인 뒤에는 자연스럽게 독서를 지속할 수 있다.

"나는 도대체 왜 책 읽기가 힘들까?"

이렇게 묻는 독자분들에게 이제 나는 자신있게 말할 수 있다.

"바로 습관이 안 들어서다!"

나도 처음 책을 읽기 시작한 2009년에는 습관이 들지 않아서 독서에 실패했다. 하지만 매일 아침 출근길에 책 읽는 습관을 들인 2015년부터는 꾸준히 책을 읽고 있다.

혹시 여러분도 책 읽기가 어려운가? 그렇다면 독서 습관을 길러보자. 먼저 습관을 들이면 책 읽기는 훨씬 수월해질 것이다!

기존의
독서 목표를 뒤집어라

목표가 없는 사람은 목표가 있는 사람을 위해
평생 일해야 하는 종신형에 처해져 있다.

– 브라이언 트레이시 –

책의 양을 기준으로
독서 목표로 잡는 것은 비생산적이다

첫 책《퇴근 후 1시간 독서법》이 출간되고 지인들의 연락을 많이 받았다. 반응도 가지각색이었다. 누구는 의리로 책을 샀다고 했다. 누구는 안 그래도 책을 읽으려고 생각했는데 마침 잘됐다고 했다. 또 다른 지인은 이 책을 읽고 독서 습관이 생기길 희망한다고 했다. 그리고 한 지인은 예전에는 본인도 책을 많이 읽었는데, 회사 일에 치이다 보니 안 읽게 되더라고 했다. 그러고는 나의 책으로 다시 독서의 열정을 불태우겠다고 덧붙였다. 너무나도 고마운 말들이었다. 나는 그들과 대화를 계속 이어갔다. 대화를 하면서 많은 사람들이 독서를 하고 싶어 한다는 것을 알게 되었다.

그러다 결국 독서에 대한 이야기를 하게 되었다. 책을 많이 읽었던 사람들은 제각각 독서의 목표가 있었다. 나는 그들에게 독서의 목표를 물었다. 그랬더니 한결같이 "올해 10권 읽기" 혹은 "일주일에 1권 읽기" 등이라고 대답했다. 여전히 대부분의 사람들은 독서의 양을 목표로 잡고 있었던 것이다.

나 역시 책의 양에 집착했던 적이 있다. 바로 2012년의 일이다. 나는 장교로 군 복무를 시작했다. 3월 전남 장성에서 장교 기초교육을 받았다. 그때도 군 생활의 시작을 독서와 함께했다. 당시 사회적으로 독서 열풍이 불었다. 1년에 100권 독서하는 것이 마치 사회의 흐름인 것처럼 너도나도 실천했다. 나는 이지성 작가의 《독서 천재가 된 홍대리》라는 책을 읽었다. 평소 나는 무언가에 한 번 빠지면 몰입하는 스타일이다. 그래서 당시에 책을 엄청 읽었다. 하루에 최소 1권씩 읽었다. 주말에는 하루종일 아무도 안 만나고 4권씩 읽은 적도 있었다.

그렇게 양에 집중하는 독서는 약 1년 동안이나 지속되었다. 독서는 군 생활의 유일한 낙이었다. 뭔가 성장하는 그 느낌이 좋았다. 깨달음을 얻고 카타르시스를 느낀 적도 많았다. 그런데 내 삶은 제자리였다. 나는 양을 목표로 책을 읽게 되면 남는 것이 없다는 것을 한참 뒤에야 알게 되었다.

독서 목표를 잡을 때 책의 양을 기준으로 잡으면 독서 후에 제대로 남는 것이 없게 된다. 그저 책 한 권을 빨리 읽으려고 하게 되고, 마침내 다 읽으면 그 성취감에 취한다. 그렇게 책 한 권을 읽었지만 정작 내 삶에 남는 것은 없는 독서가 된다. 정말 비생산적인 독서라고 할 수 있다. 이 얼마나 시간 낭비, 정력 낭비인가?

'만약 그때부터 제대로 된 독서를 했다면 지금의 나는 좀 더 나아지지 않았을까?'라고 생각한 적도 있다. 하지만 타임머신을 타고 다시 돌아갈 수도 없는 노릇이다. 지금부터라도 제대로 독서해야 한다. 어차피 바꿀 수 없는 것이라면 바꿀 수 있는 것에 집중하는 것이 옳다. 언제까지나 바뀌지 않는 과거에 얽매일 필요는 없다. 내 의지로 바꿀 수 있는 지금에 집중하는 것이 훨씬 현명하다.

독서 습관을 기르는 것을 목표로 삼아라

요즘 나의 독서 목표는 명확하다. 책 한 권을 읽고 나서 내 삶의 변화 한 가지를 불러일으키는 것이다. 나는 출근 전 매일 아침 1시간씩 독서를 하는 습관이 있다. 2019년 5월에 읽은 책 중에 가장 감명 깊었던 책이 있다. 고이케 히로시 작가의 《2억 빚을 진 내게 우주님이 가르쳐준 운이 풀리는 말버릇》이라는 책이다. 이 책은 말버릇으로 삶이 달라질 수 있다는 내용이다. 책의 골자는 내가 원하는 것을 우주에 주문하면 이루어진다는 것이다. 하지만 이때 말버릇이 중요하다고 한다. 책에서는 여러 가지 제안을 한다. 나는 그중에서 딱 한 가지를 뽑았다. 그리고 그것을 매일 실천하고 있다. 거창한 것은 아니다. 작아

보이는데 꾸준히 하기는 어려운 것이다. 바로 "감사합니다.", "사랑합니다."라고 하루에 500번씩 말하는 것이다. 나는 매일 아침 집 현관문에서부터 버스정류장까지 외친다. 약 10분 정도 걸어야 하는 거리다. 그 10분 동안 하루도 빠짐없이 "감사합니다.", "사랑합니다."를 500번씩 외쳤다. 주말에는 밖에 나가면서 외쳤다. 지금도 나는 평일, 주말 구분 없이 항상 외치고 있다.

이렇게 주문을 외우면 나의 꿈이 더 빨리 이루어진다는 것이다. 나는 이 말을 굳게 믿는다. 그리고 매일 반복하고 있다. 땅에 오른발을 디디면 "감사합니다.", 왼발을 디디면 "사랑합니다."를 외친다. 한 세트 외치면 오른쪽 손가락 하나를 접는다. 10번 외치면 왼쪽 손가락 하나를 접는다. 그렇게 500번 하고 나면 정말 기분이 좋아진다. 감사와 사랑이라는 단어에 엄청난 힘이 있기 때문이다. 그리고 그 힘은 내가 꿈꾸는 것이 이루어지도록 도와준다.

책을 읽고 나면 분명히 남는 것이 있어야 한다. 그것은 바로 내 삶에 변화를 줄 수 있는 한 가지를 찾는 것이다. 그 한 가지를 찾으면 한 권을 다 읽지 않아도 된다. 한 페이지를 읽어도 된다. 심지어 한 문장을 찾았으면 책을 덮어도 된다. 그렇게 나에게 변화를 주는 한 가지를 찾고 삶에 적용시키자. 책을 읽는 만큼 나도 변해 있을 것이다. 지금의 내가 변하면 결국 내 미래도 변한다. 내 삶에 변화를 주지 않는 책 읽기는 100권이든 1,000권이든 읽어야 소용없다. 그것은 독서가 아니다. 그저 문자 읽기이다.

그리고 양을 목표로 잡아서는 안 되는 이유가 또 있다. 세상에 책은 너무나 많기 때문이다. 어차피 그 많은 책들을 다 볼 수 없다. 게다가 하루에도 많은 책들이 쏟아져 나온다. 전 세계적으로 따지면 아마 하루에 셀 수 없을 정도의 책들이 쏟아져 나올 것이다. 그래서 책은 양이 아니라 질에 집중해야 한다. 얼마나 깊게 읽었는지, 그 깊게 읽은 책이 내 삶에 어떤 변화를 주었는지를 생각해야 한다. 그냥 책만 읽었다고 좋아해서는 안 된다는 것이다.

책의 질적인 목표를 이루기 위해서 필요한 것이 있다. 바로 독서 습관이다. 독서 습관이 바로 서야 질적인 독서를 할 수 있다. 그래서 습관을 기르는 것으로 목표를 삼아야 한다는 것이다. 특히 독서를 처음 하는 분들이나 독서 습관이 자리 잡히지 않은 분들은 독서 목표를 잡을 때 반드시 습관 기르기로 잡아야 한다.

삶에 변화를 주는 독서가 진짜 독서다

나는 출근 전 1시간씩 꼭 책을 읽는다. 아침 독서 습관 기르기를 목표로 잡은 것이다. 아침에는 아무의 방해도 받지 않고 100% 집중해서 책을 읽을 수 있다. 따라서 아침에 습관적으로 독서하는 것을 목표로 삼아야 한다. 녹서 습관이 자리 잡히면 저절로 책을 꾸준히 읽을 수 있게 된다. 독서 습관이 자리 잡아야 양적인 독서가 아닌 질적인 독서를 할 수 있다.

독서하는 사람들은 흔히 목표를 잡는다. 하루에 1권 읽기 혹은 일 년에 100권 읽기 등과 같이. 이제 목표를 바꿔야 한다. 양에 치중하는 것은 의미가 없다. 단 한 페이지를 읽어도, 아니, 단 한 문장을 읽어도 좋다. 그 깨달음이 나의 삶에 변화를 준다면 질적인 독서다.

이제 독서 목표는 달라져야 한다. 양이 아닌 질에 치중한 독서 목표를 잡자. 그리고 아직 독서 습관이 없는 독자라면 습관을 기르는 것으로 목표를 잡아 시작하자.

03

누구라도 일주일에
한 권 읽을 수 있다

시작하기 위해 위대해질 필요는 없지만
위대해지려면 시작부터 해야 한다.

― 레스 브라운 ―

평생 꾸준히 하는 것이 중요하다

레스 브라운의 명언처럼 독서도 일단 시작부터 해야 한다. 시작을
해야 책 한 권을 읽든 한 페이지를 읽든 할 수 있다. 특히, 질적인 책
읽기를 처음 하는 사람이라면 시작이 중요하다. 흔히 처음 책을 읽으
려는 사람들이 오해하는 사실이 있다. 성공한 사람들, 똑똑한 사람들
이 책을 읽는다는 것이다. 빌 게이츠, 마크 저커버그 등 성공한 사람들
이 책 읽기의 중요성을 말하기 때문이다. 특별한 사람들만 책을 읽는
거라며 자신은 책 읽기를 포기하기도 한다. 하지만 존경하는 사람처럼
되기 위해 책을 읽는 사람도 있다. 바로 2009년의 나처럼 말이다.

2009년 여름 때의 일화다. 당시 우리 학교에서 ROTC 주최로 〈서울대학교 리더십 콘퍼런스〉라는 리더십 캠프를 진행했다. 총 7개 차수로, 차수별로 2박 3일 동안 과정이 진행되었다.

당시 나는 그 행사를 운영하던 L 팀장을 존경했다. 그와 같이 멋진 사람이 되고 싶었다. 중학생 시절의 L 팀장은 패싸움으로 인해 소년원에 들어갔다고 했다. 그리고 그곳에서 인생의 멘토를 만나 책을 읽기 시작했다고 했다.

일주일 동안 한 권의 책을 읽었다는 그의 책 읽기 방법은 이랬다. 평일에는 책을 읽는다. 토요일 오전까지 약 10페이지 정도의 독후감을 쓴다. 토요일 오후에는 독후감을 1페이지로 정리한다. 일요일 오전에는 한 문단으로 정리한다. 일요일 오후에는 한 문장으로 정리한다. 마지막으로 저녁에는 하나의 키워드로 정리한다. 그렇게 L 팀장은 수천 권의 책을 읽었고 모든 책을 하나의 키워드로 정리했다. 이때 인문고전에서 자기계발서까지 다양하게 읽었다고 했다. 그리고 시간이 지날수록 책 읽는 속도가 빨라졌다고 했다.

나는 그의 이야기를 듣고 책을 읽어야겠다고 결심했다. 당장 L 팀장처럼 책을 많이 읽고 바로 독후감을 쓰기까지는 어렵다고 판단했다. 왜냐하면 나는 태어나서 그때가 처음 책을 제대로 읽는 것이었기 때문이다. 그래서 먼저 L 팀장이 쓴 책을 읽었다. 《고 어라운드》라는 책이었다. 이 책은 사회 문제에 대해 비판한다. 그리고 해결책을 제시

한다.

당시 이 책을 읽는 데 딱 일주일이 걸렸다. 지금이야 독서 습관을 갖고 있어서 2~3일이면 책 한 권을 읽는다. 하지만 당시에 나는 책을 처음 읽는 것이기도 했고 하루에 30분 내지 1시간 정도만 투자했다. 처음 책을 읽는 분이라면 과욕을 부리지 않는 것이 좋다. 다른 사람이 하루에 책 한 권을 읽는다고 따라할 필요가 없다. 책 읽는 것은 경쟁이 아니다. 내가 내 삶을 위해서 읽는 것이다. 남들이 몇 권을 읽는다고 똑같이 따라 할 필요는 없다.

독서는 시험 문제를 푸는 것이 아니다

우리가 극도의 경쟁사회 속에서 살아와서 그런 걸까? 책을 읽을 때도 남과 무의식중에 경쟁하기도 한다. 물론 일정 수준의 자극은 좋을 수 있다. 하지만 남과 경쟁해서 책을 읽게 되면 제대로 된 독서를 할 수 없다. 독서는 시험 문제를 푸는 것이 아니기 때문이다. 독서로 순위를 정하지도 않는다.

독서는 시험으로 비유하자면 '내 인생'이라는 과목에서 응시자라고는 '나'밖에 없는 시험이다. 그리고 제한된 시간도 없다. 채점도 '나' 스스로 한다. 그렇기 때문에 어떠한 제약도 없이 나와 맞는 독서를 하면 된다.

처음부터 책을 빨리 많이 읽을 필요는 없다. 평생 꾸준히 독서를 해야 하는 것이 중요하다. 나도 10년간 책을 읽었지만 10년 내내 꾸준히 읽지 못한 적이 있다. 바로 2016년의 일이다.

2016년 3월 말까지 나는 강남에서 일했다. 그리고 2016년 4월부터는 기흥에서 일하게 되었다. 강남에서 일할 때는 매일 책을 읽었다. 하지만 기흥에 와서는 하지 않게 되었다. 지금에 와서야 이는 핑계지만 당시 나에게 주어진 업무가 너무 많았다. 회사에서 오픽(OPIc; Oral Proficiency Interview-Computer) 등급을 취득해야 해서 공부도 해야 했다. 그리고 여자친구도 만나느라 시간이 없었다. 여자친구는 당시 인제에서 경찰로 근무하고 있었다. 데이트 한번 하면 하루가 다 지나갔다.

하지만 무엇보다 회사 일이 너무 많고 힘들었다. 당시 나는 회사의 교육 부서에서 일을 시작하게 되었다. 나의 부서장은 사원 때부터 교육 부서에서 줄곧 일을 해온 분이었다. 교육에 있어서는 가히 회사 내 최고의 전문가라고 할 수 있다. 그 부서장에게 일을 정말 많이 배웠다. 그는 마치 럭비 코치 같았다. 내가 한계에 몰려도 항상 더 할 수 있다고 했다. 그리고 일을 계속해서 주었다. 보고 한 번 들어가면 숙제가 몇 개씩 생겼다. 하나의 일을 처리하면 또 다른 일이 생겼다. 그렇게 일은 쌓이고 쌓였다. 하루하루 열심히 일했지만 처리한 일보다 새로 생기는 일이 더 많을 정도였다.

당시 내가 책을 안 읽은 이유가 무엇이었을까? 여러 가지 원인이 있지만 원론적으로 생각해 보면 결국 독서를 내 우선순위에 두지 않았기 때문이다. 분명 출퇴근하면서 혹은 대중교통을 이용할 때 시간이 있었을 것이다. 하지만 나는 하지 않았다. 아무 생각 없이 아무것도 하지 않고 쉬고 싶었다.

우리의 삶을 곰곰이 생각해 보자. 정말 시간이 없어서 독서를 못하는 것일까? 단언컨대 시간이 없는 사람은 없다. 빌 게이츠는 그렇게 바쁜 생활 속에서도 일주일에 몇 권의 책을 읽는다고 한다. 지금이 책을 읽는 독자 중에 과연 빌 게이츠보다 바쁘다고 할 수 있는 사람이 있을까?

독서를 삶의 우선순위에 두어라

2016년이 지나고 2017년을 맞이한 나는 여전히 책을 읽지 않았다. 그런데 어느 날 부서의 S 선배가 책 한 권을 권유했다. 김병완 작가의 《48분 기적의 독서법》이라는 책이었다. 내가 이 책에 관심을 갖게 된 이유는 김병완 작가가 당시 같은 부서 H 부장의 동기라고 들었기 때문이었다. 유명한 작가가 나와 같이 일하고 있는 부장의 동기라는 것이 신기했다. 김병완 작가는 회사에서 '지역 전문가'라는 양성제도까지 받았던 잘나가던 엔지니어였다. 순간 나는 '잘나가는 회사원이 왜 갑자기 회사를 그만두었을까? 왜 그렇게 독서에 미쳤을까? 한때 나도 독서에 미친 적이 있는데…'라는 생각이 들었다. 그리고 단숨에 그 책을 읽기 시작했다. 그렇게 나는 다시 독서에 대한 열정을 불태우기 시작했다.

과연 내가 왜 다시 책을 읽게 되었을까? 2017년은 2016년과 마찬가지로 같은 부서장이었고, 업무량 역시 그대로였다. 오히려 부서장은 "너는 너의 능력의 30%밖에 발휘하지 않는 거야."라며 나에게 더 많은 일을 요구했다. 당시 나에게 마음의 여유는 없었다. 하지만 나는 책을 다시 읽기로 결심했다. 그렇게 독서를 다시 삶의 우선순위에 두기로 한 것이다.

독서를 삶의 우선순위에 두게 되자 제대로 된 독서를 다시 시작할 수 있게 되었다. 이전에 읽었던 책 중에서 다시 읽고 싶은 책들을 반복해서 읽었다. 그리고 서점에서 관심 있는 분야의 책들도 샀다. 과거 책에 미쳤던 때로 돌아간 느낌이었다. 단 5분이라도 여유 시간이 생기면 책을 읽었다. 사실 나는 2016년에 책과 멀어진 뒤로 독서 습관이 없어진 줄 알았다. 하지만 한번 들인 습관은 다시 세우기가 쉬웠다. 언제 그랬냐는 듯 나는 다시 독서를 했다. 그리고 일주일에 한 권을 거뜬하게 읽게 되었다.

독서 여부는 결국 '우선순위에 두느냐, 아니냐'로 갈린다. 제대로 된 독서를 하기로 결심했다면 우선순위에 두자. 그러면 처음 책을 읽기 시작한 사람이라도 일주일에 한 권 정도는 읽을 수 있다. 반면에 다른 것들에 의해 독서가 우선순위에서 밀려난다면, 꾸준히 책을 읽던 사람도 일주일에 한 권조차 읽지 못할 수 있다.

제대로 된 독서를 하고 싶다면, 우선순위에 두자. 그렇다면 누구라도 제대로 된 독서를 할 수 있다.

04

당신이 책을 읽지 않는
진짜 이유

먼저 당신이 원하는 것을 결정하라.
그리고 그것을 이루기 위해 당신이 기꺼이 바꿀 수 있는 것이 무엇인지 결정하라.
그다음에는 그 일들의 우선순위를 정하고 곧바로 그 일에 착수하라.
— H. L. 린트 —

순간적인 쾌락에 빠져 우선순위를 놓치지 말자

2019년 6월 14일 금요일 오후의 일이다. 나는 회사 업무의 일환으로 B 교수와 미팅을 하러 A 대학에 갔다. 4시에 시작한 미팅은 5시쯤 마쳤다. 미팅이 끝나고 버스를 탈지 지하철을 탈지 고민했다. 버스를 타면 앉아서 편하게 갈 수 있을 것이라고 생각했다. 하지만 금요일 저녁이라 도로가 많이 막힐 수 있었다. 그래서 나는 서서 가더라도 지하철을 타기로 했다. 어차피 지하철에서 책을 읽으면 그만이기 때문이다.

계산해 보니 집까지 가는 데 대략 1시간 30분이 걸렸다. 지하철에서 나는 가방에 있는 리처드 브랜슨 작가의 《내가 상상하면 현실이 된다》와 네빌 고다드 작가의 《네빌 고다드 5일간의 강의》를 30분씩 번갈아 가며 읽었다. 정자역에서 환승하던 중, 나는 문득 지하철에 있는 사람들을 둘러봤다. 사람들은 대부분 스마트폰을 보고 있었다. 나를 제외하고 딱 1명만 책을 읽고 있었다. 물론 요즘에는 스마트폰으로도 책을 읽을 수 있다. 실제로 내가 훑어본 사람들 중 e-book을 보고 있는 사람도 있었을 것이다. 하지만 그렇다고 가정해도 실상 책을 읽고 있는 사람은 극소수였다. 그래서 나는 생각했다.

'사람들은 왜 이렇게 책을 안 읽을까?'

지금이야 나도 습관처럼 책을 읽는다. 하지만 2018년 한동안 책을 잠시 놓은 적이 있었다. 당시 나는 인생의 의미를 찾지 못해 방황했다. 일종의 슬럼프라고 해야 할까? 나의 하루 일과는 이러했다.

나는 아침 6시에 일어나자마자 포켓몬스터 게임인 〈트레이너 리그〉라는 게임을 했다. 30분간 게임을 하며 출근 준비를 했다. 출근하면서도 손에서 게임을 놓지 않았다. 게임에도 일정량의 체력이 필요했기 때문에 나는 체력을 다 쓰면 웹툰을 봤다. 웹툰을 보고 있으면 시간이 빨리 지나갔다. 게다가 요일별로 업데이트되는 웹툰 시스템은 늘 새로운 환경을 조성했다. 퇴근해서도 마찬가지였다. 게임을 하다가 유튜브를 보며 시간을 보냈다. 그렇게 매일 하루가 지나갔다.

나는 왜 독서를 하지 않았을까? 왜 게임, 웹툰, 유튜브에 빠졌을까? 당시 나는 삶의 의미를 찾지 못했다. 그래서 열심히 살아도 의미가 없다고 생각했다. 그래서 순간적인 쾌락을 느낄 수 있는 것들에 빠져 있었다. 그것이 바로 게임, 웹툰, 유튜브였다. 당시에 나는 독서가 중요하고 유익하다는 것을 알았다. 하지만 독서는 내 삶의 우선순위에서 밀려났다. 그래서 나는 독서를 손에서 놓은 것이다.

독서를 우선순위에 두는 것보다 중요한 것이 습관이다

우리가 독서를 하지 않는 진짜 이유는 바로 우선순위 선정에 있다. 독서가 정말로 중요하다고 생각하면 어떻게 할까? 아마도 삶의 우선순위 중 상위권에 자리 잡을 것이다. 그렇게 되면 남이 읽으라고 안 해도 내가 알아서 시간을 내어 읽을 것이다.

한편 누구는 바빠서 책을 읽지 못한다고 한다. 하지만 이 경우도 자세히 들여다보면 결국 우선순위의 문제다. '시간은 있지만 그 시간을 독서로 보내지는 않겠다'라는 말과 같다. 책을 읽지 않는 이유 중에 '그냥' 안 읽는 사람도 있다. 이것도 마찬가지다. 단순히 우선순위에 독서가 없는 것이다.

그렇다고 우선순위에 독서를 둔다고 해서 모두 책을 읽을 수 있는 것이 아니다. 이는 또 별개의 문제다. 독서를 아무리 내 삶의 우선순위로 둔다고 해도 못 읽을 수 있다. 독서 습관이 받쳐 줘야 한다. 그래야 진정으로 책을 읽을 수 있다. 독서 습관이 없으면 책을 읽기 어렵다. 내가 그랬다. 다음은 2009년 여름, 내가 대학교 3학년이었던 때의 일이다.

당시 나는 닮고 싶은 멘토가 있었다. 그 사람은 책을 많이 읽기로 유명했다. 그래서 그 사람을 본보기로 나도 책을 읽기로 결심했다. 그렇게 내 삶의 우선순위에 독서를 놓았다. 그리고 머지않아 나는 나의 큰 문제를 알게 되었다. 나에게는 책을 읽지 못하는 문제가 있었다.

먼저 나는 집에서 학교로 갈 때 책을 펼쳤다. 버스 안에서 책을 읽기 위해서였다. 다행히 멀미는 하지 않았다. 하지만 단 한 페이지도 읽을 수 없었다. 대단한 이유는 없었다. '그냥' 읽기가 어려웠다. 곰곰이 생각해 보니 나는 무엇인가에 1분 이상 진득이 집중할 수가 없었다. 정말이지 깜짝 놀랐다. 그래서 먼저 나는 내 근본적인 문제를 고치기로 했다. 그리고 선택한 것이 EBS 다큐멘터리를 보는 것이었다. 나에게는 50분짜리도 길었다. 그래서 30분짜리의 다큐멘터리를 시청했다. 다양한 다큐멘터리 중 내가 가장 좋아하는 것은 〈다큐 프라임〉이었다. 이렇게 나는 일단 무엇이든 30분 정도 집중할 수 있는 습관을 길렀다. 그리고 책을 읽기 시작했다.

지금 이 책을 읽는 독자분 중에서도 과거의 나처럼 책 읽기 어려운 분들이 있을 것이다. 독서 습관을 들이지 않으면 정말 책 읽기가 어렵다. 책만 펼치면 졸음이 쏟아지거나 거부감이 느껴지기도 한다. 특히 과거의 나처럼 책 읽을 집중력이 없는 사람도 있을 것이다. 나는 먼저 다큐멘터리를 보면서 습관을 들이기를 추천한다. 습관만 들인다면 책 읽기는 쉬워질 것이다. 인식하지 못한 채 어느새 책을 읽고 있는 나를 발견하게 될 것이다.

당신이 책을 읽지 않는 본질적인 이유 두 가지

2012년 3월, 나는 전라남도 장성에서 장교 기초교육을 받고 있었다. 당시 한창 책 읽기에 빠져 있었던 나는 이지성 작가의 《리딩으로 리드하라》라는 책을 접했다. 책의 저자는 진정한 독서는 인문고전을 읽을 때 힘을 발휘한다고 말했다. 그래서 나는 이제 인문고전을 읽어야겠다고 생각했다.

나는 두 가지 책을 번갈아 가며 읽었다. 하나는 이기석 작가의 《육도삼략》이었다. 다른 하나는 손무가 지은 《손자병법》이었다. 당시 나는 군복 바지 주머니에 책을 넣고 다녔다. 그리고 훈련장으로 이동하는 버스에서 시간이 날 때마다 책을 읽었다.

내가 이 두 권의 책을 읽은 이유는 당시 내 신분이 군인이었기 때문이다. 나는 이 책들을 읽고 깨달음을 얻을 수 있을 것이라고 생각했다. 그리고 그 깨달음을 군대생활에 접목시키면서 재밌는 군 생활을 할 수 있을 거라고 생각했다. 물론 인문고전은 한두 번 읽어서 이해되는 책이 아니다. 여러 번 곱씹어 봐야 하는 책이다. 그래도 내가 인문고전 책들을 읽을 수 있었던 이유는 두 가지였다. 독서를 우선순위에 두었다는 것과 이미 독서 습관이 몸에 배어 있었기 때문이다.

당신이 책을 읽지 않는 진짜 이유가 무엇일까? SNS가 책보다 재미있기 때문에? 시간이 없어서? 주위에 책 읽는 친구가 없어서? 사람마다 여러 가지 이유가 있을 것이다. 하지만 본질적인 이유를 파고들면 크게 두 가지다. 하나는 독서를 우선순위에 두지 않아서, 다른 하나는 독서 습관이 없어서다. 그 밖의 이유들은 표면적일 뿐이다.

이제 당신이 왜 책을 멀리 하게 되었는지 파악이 되었는가? 자신의 문제를 파악하고도 효과적인 해결법을 찾지 못했다면 010.2682.7203으로 연락해 도움을 요청해 보자. 방황했던 과거에서 벗어나 진정한 독서 방법을 터득한 독서 전문가로서 당신의 책 읽기 능력을 기르는 데 도움을 줄 수 있다. 나와 함께 독서 습관만 들인다면 책 읽기는 쉬워질 것이다.

05

책을 읽을 때
얼마나 깊이 읽는가?

일정 연령이 지나면 독서는 창의적인 추구로부터 마음을 너무 멀어지게 만든다.
너무 많이 읽고 자신의 뇌를 너무 적게 쓰는 사람은 누구나 게으른 사고 습관에 빠진다.
— 알베르트 아인슈타인 —

독서의 양보다는 '질'이 중요하다

사람들은 아직도 독서의 '양'에 집중한다. 얼마나 양에 집중하는
지 궁금해서 나는 인터넷 포털 사이트에 '독서 목표'라는 단어를 검
색했다. 그러자 블로그에서 '1년 100권 목표', '1월에 읽을 책들' 등의
글을 발견할 수 있었다. 대부분의 글이 얼마 동안 몇 권의 책을 읽겠
다는 내용이었다.

물론 많은 책을 읽으면 좋다. 하지만 나는 사람들이 그 많은 책을
읽은 후 어떠한 변화를 겪게 되었는지 궁금했다. 1월에 수십 권의 책
을 읽었던 블로거는 블로그에 서평을 남겼다. 내용을 보니 단순 내용
요약에 지나지 않았다. 책을 읽고 길면 5줄, 짧으면 2줄 정도로 내용

을 적었다. 그리고 한 블로그에는 단순한 느낌만 적혀 있었다. 평균적으로 책 한 권을 읽는 데 빠르면 2시간, 길면 3시간 정도 걸린다. 그러나 이처럼 책은 많이 읽는데 남는 것이 고작 내용 요약이라면 진정한 독서라고 할 수 있을까? 나는 독서의 양보다는 '질'이 중요하다고 생각한다.

요즘 나는 네빌 고다드의 《네빌 고다드 5일간의 강의》를 출퇴근 길 버스 안에서 항상 읽는다. 읽을 때 그냥 눈으로만 보지 않는다. 한 손에는 항상 펜을 들고 있다. 그 이유는 좋은 문구 혹은 다시 읽고 싶은 문구가 나오면 밑줄을 긋기 위해서다.

책을 읽으면서 나는 항상 밑줄을 긋는다. 그리고 밑줄을 그은 부분이 정말 좋을 경우, 별표를 한다. 그뿐만 아니라 여백에 메모를 하기도 한다. 당시에 들었던 생각, 떠오르는 질문 등 다양하게 메모하는 것이다. 마지막으로 책의 모서리를 접는다. 책을 다 읽으면 제일 앞장 빈 공간에 책을 읽고 좋았던 문구를 필사한다. 혹은 책을 읽은 후의 나의 다짐을 적기도 한다. 서평을 책 앞장 빈 공간에 적는다고 생각하면 된다.

이렇게 읽으면 아주 많은 장점이 있다. 책을 다시 읽을 때 밑줄 그은 부분 위주로 빠르게 읽을 수 있다. 그중에서도 별표를 한 부분은 중요하다고 강조한 부분이기 때문에 더 유심히 읽게 된다. 반복해서 책을 읽는다고 해서 처음부터 끝까지 또 읽을 필요가 없다. 이렇게 밑줄과 표시를 하면서 보면 두 번째, 세 번째 읽을 때는 중요한 부분만 축약해서 읽을 수 있다.

여백은 떠오르는 생각을 바로 메모할 수 있다. '나중에 집에 가서 정리해야지' 하고 순간을 넘긴다면 큰 오산이다. 시간이 지나면 잊게된다. 그리고 그때 가면 또 다른 바쁜 일이 생긴다. 그래서 지금 생각난 것은 바로 실행해야 한다. 책에는 빈 공간이 많다. 책을 읽으면서 떠오르는 생각을 여백에 적으면 나중에 서평을 쓸 때도 쉽게 쓸 수 있다.

또한 책의 모서리를 접으면 나중에 다시 볼 때 편하다. 모서리 접은 부분을 찾아서 읽으면 되는 것이다. 저자의 생각에 동의하는 부분은 위쪽 모서리를 접고, 저자의 생각에 동의하지 않거나 의문이 생길 경우 아래쪽 모서리를 접어 보자. 그러면 나중에 구분해서 책을 펼쳐 볼 수 있을 뿐 아니라 책 읽는 시간을 절약할 수 있다.

제대로 된 독서는 흔적을 남긴다

만약 흔적을 남기면서 읽지 않고 눈으로만 읽으면 어떻게 될까? 깨끗하게 읽으면 읽은 내용을 깨끗하게 잊어버린다. 나 역시 눈으로만 책을 읽던 때가 있었다. 2012년이었다. 당시 나는 이지성 작가의 《독서 천재가 된 홍대리》를 읽었다. 읽는 동안 책이 엄청 쉽게 읽히는 것을 느꼈다. 구성 자체가 시트콤처럼 되어 있었다. 한 편의 단편소설을 읽는 느낌이었다. 쉽게 읽혀서 나는 같은 시리즈의 책 여러 권을 더 샀다. 이 시리즈는 회계, 세일즈, 와인, 영어, 일본어, 협상, 중국, 경매, 연애, 골프, 마케팅, 환율까지 그 주제가 다양했다.

하지만 이 책들 중 기억나는 내용은 없다. 그리고 내 삶에 변화를 주었던 책도 없다. 이 책들에 대해 내가 기억나는 것은 하나다. 쉽게 읽힌다는 것! 왜 그럴까? 앞서 언급한 것처럼 읽지 않았기 때문이다. 밑줄을 긋거나 여백에 메모를 하거나 중요 표시를 하는 등의 흔적을 남기며 읽지 않으니 다시 책을 펼쳐 봐도 어떤 내용이었는지 기억이 안 난다. 결국 이 책을 파악하려면 다시 처음부터 읽어야 한다.

독서는 교과서 공부와 크게 다르지 않다. 교과서도 눈으로만 읽으면 어떤 내용이었는지, 내가 모르는 부분은 무엇인지 등등 기억이 잘 나지 않는다. 그래서 학창 시절에 공부할 때도 교과서가 깨끗한 친구들 중에 공부를 잘하는 사람은 극히 드물었다. 다들 자기 나름대로 교과서에 흔적을 남기면서 공부했다. 독서도 마찬가지다. 내가 이야기한 방법을 사용해 봐도 좋다. 혹은 일부만 따라 해도 좋다. 아니면 다른 방법도 좋다. 중요한 것은 흔적을 남기면서 읽어야 한다는 것이다. 그래야 제대로 된 독서를 할 수 있다.

사색의 과정을 거치는 양질의 독서를 하라

책을 깊이 읽으려면 또 한 가지 해야 할 것이 있다. 바로 사색하는 것이다. 책을 읽고 나서 사색하는 시간을 가져야 한다. 최근에 내가 읽고 가장 많이 사색한 책이 있다. 바로 나의 멘토이자 스승인 〈한국책

쓰기1인창업코칭협회(이하 한책협)〉김태광 대표 코치님의《내가 100억 부자가 된 7가지 비밀》이라는 자서전이다. 나는 이 책을 22권이나 구매했다. 한 권은 내가 보려고 샀고 다른 한 권은 사인을 받아서 기념품처럼 관리하기 위해 샀다. 그리고 나머지 20권은 주위의 지인들에게 주기 위해 샀다.

20권의 책은 가치를 알아보는 지인들에게 줄 예정이다. 아무리 좋은 책을 나누어줘도 읽지 않는 사람에게 주면 소용없다. 그냥 쓰레기가 된다. 한마디로 돼지에게 진주를 주는 격이다. 나는 이 책을 주위에 책을 쓰려고 하는 분 혹은 1인 창업에 대해 생각이 있는 분들에게 선물할 것이다.

이 책을 읽고 나는 '도대체 김태광 대표 코치님은 어떻게 100억 부자가 된 것일까? 그중에 내가 지금 당장 따라 할 수 있는 것은 무엇이 있을까? 나의 꿈은 무엇일까?' 이런 질문을 스스로에게 했다. 책을 읽다 보면 곳곳에 김태광 대표 코치님은 꿈을 종이에 적어서 가지고 다녔다고 한다. 심지어 지갑에도 넣고 다니며 매번 읽으면서 꿈이 이루어졌다고 생생히 상상했다고 한다.

나도 사색을 통해 나의 꿈에 대해 생각했다. 그리고 나의 자취방에 출력해서 붙였다. 눈만 뜨면 보이는 위치에 붙였다. 책상 앞, 창문 옆, 화장실 문 그리고 현관문 이렇게 총 네 군데에 붙였다. 내가 어디서든 볼 수 있는 위치다. 그곳에는 내가 갖고 싶은 것, 하고 싶은 것들 등 여러 가지의 꿈이 있다. 최근에는 새로운 꿈이 하나 더 생겼다. 바로 대통령과 악수하는 것이다. 독서 열풍을 몰고 와서 대한민국 독서 홍보대사가 되는 꿈이다. 대통령과 악수할 정도의 독서 열풍을 몰고 오는 나를 상상한다. 나는 대통령과 악수하는 사진을 출력해서 방안 곳곳에 붙여 놓았다.

아직도 책의 양에만 집중하는 사람들이 많다. 나 역시 그랬다. 인터넷을 찾아 봐도 여전히 양에 집착하는 독서 문화가 지배적이다. 하지만 이제는 깊게, 흔적을 남기면서 책을 읽어야 한다. 그리고 책을 읽고 나서는 반드시 사색을 해야 한다. 사색을 통해 한 단계 더 높은 수준의 독서를 할 수 있기 때문이다. 자, 이제 양에 집착하는 독서는 그만하자. 좀 더 깊은 양질의 독서를 실천해 보자.

06

매일 책을
읽어야 하는 이유

습관은 버리기는 쉽지만, 다시 들이기는 어렵다.
— 빅토르 마리 위고 —

독서는 조금씩이라도 매일 하는 것이 효과적이다

'매일 책을 읽어야 할까?', '그냥 하루 몰아서 읽으면 안 될까?'라고 생각하는 사람들이 있다. 혹은 '한가로운 주말에 카페에 가서 여유롭게 책을 읽고 싶어', '나는 한 번에 몰아서 읽으려고'라고 생각하는 사람도 있다. 과연 이 같은 생각을 하는 사람들 중에 몇 명이나 지속적인 독서를 할 수 있을까? 아마 이러한 사람들을 포함해 대부분의 사람들은 꾸준히 독서하기 어려울 것이다.

무슨 일이든 꾸준히 해야만 습관을 들일 수 있다. 영어 회화 훈련, 악기 연습, 운동 등. 그리고 독서 또한 마찬가지다. 하루에 30분씩이라도 매일 하는 것이 중요하다. 주말에 몰아서 하는 것보다 조금씩이라도 매일 하는 것이 더 효과적이다.

나는 아침에 읽어나면 무조건 책을 읽는다. 이런 나의 아침 독서 습관은 2019년 2월부터 시작되었다. 처음 아침 독서를 시작할 때는 많이 읽지는 않았다. 2~3페이지 정도 읽었다. 당시 내가 꾸준히 읽던 책은 김태광 작가의 《김태광, 나만의 생각》이었다. 이 책은 크게 4개의 장으로 이루어져 있다. '희망, 사랑, 행복, 열정'이다. 각 장 안에는 주제별로 2~3페이지 분량의 꼭지가 있는데 꼭지의 맨 마지막 페이지는 항상 독자가 생각을 정리할 수 있도록 빈 페이지가 있다. 그곳에다 나는 매일 내 생각을 적었다.

이 습관은 책을 읽는 것뿐만 아니라 내 생각을 정리하는 데 큰 도움이 되었다. 사람은 누구나 공감이 되는 문장을 접하면 그에 대한 생각을 하게 마련이다. 당시 내가 적었던 문장 중 많은 작가님들이 매우 공감했던 글이 있다. 책의 내용 중 "당신이 생각하는 사랑의 색깔은 무엇인가요?"라는 질문에 평소 사랑에 대한 내 생각을 다음과 같이 적었다.

'사랑은 대상에 따라 달라진다고 생각한다. 부모에 대한 사랑, 자신에 대한 사랑, 애인과의 사랑, 자식에 대한 사랑. 부모에 내한 사랑은 살색이다. 평소에는 잘 모른다. 인지해야만 안다. 자신에 대한 사랑은 투명색이다. 자신에 대해 어떻게 생각하느냐에 따라 완전히 달라진다. 애인에 대한 사랑은 빨강이다. 정열적인 사랑이기 때문이다. 자식에 대한 사랑은 흰색이다. 자식에게 물들어 나의 색이 없어진다 해도 기꺼이 다가가는 사랑이기 때문이다.'

당시 나는 아침에 일어나자마자 읽는 것을 의식하지 못했다. 그냥 눈 뜨자마자 무조건 책을 펼쳐 읽었다. 그 습관 덕분에 지금도 여전히 아침에 일어나면 책을 읽는다. 머리맡에 둔 책을 읽고 하루를 시작하는 셈이다. 과거의 웹툰 보기, 게임하기 등의 비생산적인 활동을 접고 생산적인 활동으로 보다 양질의 삶을 살게 된 것이다.

습관이 무너지는 건 굉장히 쉽다

책 읽는 것은 습관이고 매일 읽는 것이 중요하다. 2019년 초부터 나는 매일 책을 읽어 왔다. 하지만 나도 이틀 정도 안 읽은 적이 있다. 바로 2019년 5월 31일 금요일부터 2일 동안이다. 그날은 나의 첫 번째 저서 《퇴근 후 1시간 독서법》이 예약판매되는 첫 날이었다. 나는 첫 책인 만큼 홍보를 열심히 했다. 스타벅스에 가서 노트북을 켜고 홍보를 시작했다. 홍보를 하다 보니 하루가 금방 지나갔다. 사실 책을 읽을 시간은 있었지만 이런 생각이 들었다.

'여태까지 꾸준히 책을 읽었으니 하루, 이틀 정도는 안 읽어도 되겠지'

하지만 다음날도 마찬가지였다. 첫 책에 대한 애정이 너무 컸던

탓일까? 그날도 나는 홍보를 위해 스타벅스로 가서 노트북을 켜고 어제와 같은 일과를 보냈다. 그리고 자취방으로 돌아와 이전 날과 같은 생각을 했다.

'하루, 이틀 정도는 책을 읽지 않아도 괜찮겠지. 여태까지 매일 읽었는데, 그 습관이 어디 가겠어?'

하지만 이 안일한 생각이 아주 위험한 착각이었다는 것을 알게 되었다. 6월 2일 일요일에 나는 또 책을 멀리 하려는 나를 발견했다. 매일 아침에 일어나자마자 책을 읽던 나는 갑자기 혼란스러웠다. 독서 습관이 쉽게 무너지는 것을 그때 알았다. 책의 홍보도 중요하지만 매일 책 읽는 습관이 더 중요했다. 그래서 홍보보다 일단 책을 읽기 시작했다. 그렇게 나는 다시 아침에 일어나자마자 책 읽는 습관을 들였다.

이 짧은 2일간의 경험으로 나는 습관은 생각보다 금방 무너진다는 것을 알게 되었다. 정말 '아차!' 싶었다. 처음 하루는 그러려니 했다. 그러나 이 하루가 이틀이 되고 사흘이 되는 것은 굉장히 쉬웠다. 하마터면 몇 달간 쌓아온 아침 독서의 습관을 잃어버릴 뻔했다. 습관을 들이기 위해서는 절대 하루라도 독서를 하지 않으면 안 된다. 한 권을 읽으라는 이야기가 아니다. 독서 습관을 위해 단 30분이라도 혹은 10분, 5분이라도 꾸준히 읽어야 한다는 것이다.

꾸준히 유지하는 게 무엇보다 중요하다

매일 나는 자기 직전까지 여러 가지의 활동을 한다. 나의 유튜브 채널 〈찡교TV〉의 영상을 찍을 때도 있고 내가 운영하는 네이버 카페 〈한국위닝독서연구소〉에 글을 올릴 때도 있다. 그뿐만 아니라 블로그에 글을 올릴 때도 있다. 이렇게 나는 온라인 커뮤니티를 운영한 뒤 이불 위에 누워 독서를 시작한다. 독서는 보통 20~30분 정도다.

요즘 읽는 책은 바로 네빌 고다드의 《상상의 힘》이다. 이 책은 내가 상상하는 것에 대해 믿음과 확신이 있으면 이루어진다는 내용으로 되어 있다. 매일 나는 꿈이 이루어진다고 상상한다. 그 상상은 바로 2019년 하반기부터 나의 첫 책인 《퇴근 후 1시간 독서법》으로 대한민국 직장인들 사이에 독서 열풍을 불러일으키는 것이다. 그리고 나는 이 상상이 실현될 것이라고 확신한다.

자기 직전까지 책을 보는 것 역시 아주 좋은 습관이다. 보통 직장인들은 자기 전에 유튜브를 많이 본다. 나 역시 그랬다. 독서를 좋아하긴 했지만 자기 직전에 유튜브를 보면서 잠든 적이 많았다. 힘든 회사생활로 받은 스트레스를 유튜브를 보면서 해소했다. 재밌는 영상들이 많아 웃으면서 스트레스를 풀었던 것이다. 하지만 이제는 유튜브를 보며 잠들지 않는다. 무조건 책을 읽으며 하루를 마무리한다.

특히 숙면을 위해서 유튜브 영상을 시청하는 것보다는 책을 읽는 것이 좋다. 모두 알다시피 자기 직전에 스마트폰을 보면 숙면에 방해가 된다. 하지만 책을 읽고 자게 되면 어떻게 될까? 앞선 상황과는 정반대로 숙면을 취할 수 있어 개운하게 다음 날을 맞이할 수 있다.

독서는 습관이 중요하다. 매일 꾸준히 읽어야 지속할 수 있다. '하루 정도는 괜찮겠지…' 하고 읽지 않으면 어떻게 될까? 하루가 이틀이 되고 이틀이 사흘이 된다. 그러다가 결국 독서를 안 하게 되는 지경에 이르게 된다. 독서는 매일 해야 한다. 단 10분, 5분이라도 좋다. 꾸준히 유지하는 게 무엇보다 중요하다.

07

일상에 조금의 변화를 주어라

인생은 끊임없는 반복!
반복에 지치지 않는 자가 성취한다.

– 드라마 《미생》 중 –

작은 것부터 실천해서 성취감을 느껴라

세상에는 두 종류의 사람이 있다. 하나는 매일 독서하는 사람이고 다른 하나는 매일 독서하지 않는 사람이다. 두 사람의 차이는 무엇일까? 어떻게 하면 매일 책을 읽지 않는 사람도 꾸준히 책을 읽을 수 있게 될까? 분명 우리는 꾸준한 독서가 좋다는 것을 안다. 그리고 책을 매일 읽고 싶어 한다. 그런데 책 읽기가 여간 어려운 것이 아니다. 여러 시행착오 끝에 나는 꾸준히 책을 읽을 수 있는 방법을 알게 되었다.

나는 야마모토 노리아키 작가의 《아침 1시간 노트》를 읽었다. 책의 내용은 아침 1시간으로 인생을 변화시킬 수 있다는 것이다. 그 비결은 바로 아침 1시간 동안 무엇을 할지 리스트를 만드는 것이다. 그리고 매일 실천하는 것이다.

'아침 1시간 동안 해야 할 리스트를 만드는 것!'

이것이 중요하다. 아침에 할 일 몇 가지를 적는다. 그리고 그중에 독서를 넣는 것이다. 이 책을 읽고 나는 아침에 해야 할 리스트 5가지를 정했다.

첫째, 아침에 일어나자마자 창문을 연다.

둘째, 창문을 열고 이불을 개고 정리한다.

셋째, 이를 닦고 물을 마신다.

넷째, 명언 한 구절을 읽고, 생각을 정리한 후 〈한국위닝독서연구소〉 카페에 올린다.

다섯째, 책을 읽는다.

이렇게 아침에 해야 할 일을 정한다. 그리고 거기에 독서를 추가한다. 이때 제일 마지막에 독서를 지정해야 반드시 책을 읽을 수 있다. 앞의 4가지를 하면서 느낀 성취감이 마지막 과정인 독서를 하게 하기 때문이다. 4가지가 사소하게 보이지만 실제로 해 보면 성취감을 느낄 수 있다. 이 작은 성취감들은 내가 더 큰 성취를 할 수 있을 것이라는 느낌을 준다. 따라서 4가지의 작은 성취감을 느낌으로써 제일 마지막의 독서를 할 수 있는 것이다.

나는 이 작은 성취감이 정말 중요하다고 생각한다. 해 본 사람은 알 것이다. 창문을 열었다는 성취감, 이불을 개었다는 성취감, 이를 닦았다는 성취감 그리고 명언을 읽고 생각을 글로 표현하는 성취감. 작지만 하고 나면 기분이 좋아진다. 무엇인가 성장했다는 느낌을 받는다. 그리고 꾸준히 아침에 하려 했던 일들을 지속해서 할 수 있게 한다. 결국 마지막 과정인 책을 읽을 수 있게 한다. 하지만 만약 앞의 과정 없이 책만 읽는다면 어떻게 될까? 아마 꾸준한 독서는 어려울 것이다.

성공하는 사람들은 말한다. "작은 것부터 실천해서 성공하라!"라고. 나 역시 이런 이야기를 많이 들었다. 그리고 나는 이번에 제대로 마음먹고 첫 시도했다. 정말 성공한 사람들의 말이 딱 맞았다. 사소해 보이는 일이지만 하고 나면 성취감이 느껴진다. 그리고 그 성취감은 내가 성장하고 있다는 느낌마저 준다.

이 책을 읽고 있는 독자분들도 반드시 해 보길 바란다. 혼자 하기 어렵다면 성공을 위해 매일 독서하는 사람들이 모이는 곳, 〈한국위닝독서연구소〉에 가입해 보자. 오늘도 아침 독서를 했다는 글을 올리면서 회원들과 서로 동기부여를 주고받자. 혼자 하는 것보다 함께하는 것은 꾸준히 독서하는 데 많은 도움이 될 것이다. 나 역시 매일 카페에 글을 올려 꾸준히 독서를 하고 있다. 이처럼 아침 독서로 습관을 바꾸면 꾸준히 책을 읽을 수 있다.

아침은 독서하기에 최적의 시간이다

나는 아침마다 책을 읽는다. 하지만 나도 한때 매일 독서를 하지 못한 적이 있다. 2018년은 내 인생에서 가장 고민이 많았던 시절이다. 내가 이런 말을 하면 대부분의 사람들은 내 스펙을 보고 말한다. 배부른 소리한다고. 나는 서울대학교를 졸업했고, ROTC 50기 중위로 전역했다. 그리고 지금 삼성전자에서 일하고 있다. 대한민국 제도권에서 대부분의 사람들이 부러워하는 삶을 살아가는 것처럼 보인다. 하지만 이 중에 진정한 '나'는 없었다. 특히 2018년에는 회사생활도 힘들었고 개인적으로도 방황을 했다. 무엇보다 가장 힘들었던 것은 그동안 남들의 시선과 바람 대로 인생을 살아왔던 나를 발견한 것이었다. 나는 '나'를 찾지 못해 방황했었다. 주위 선배들에게 어떻게 살아가야 할지 조언을 받기도 했다. 심지어 상담센터에 찾아가 상담도 받았다. "무엇을 좋아하나요?", "무엇을 할 때 행복하나요?"라는 질문에 쉽게 대답할 수 없었다. 그 시절에도 역시 나는 책을 읽었다. 아침에는 허겁지겁 출근하느라 책 읽을 생각을 하지 못했다. 그리고 당시 나는 아침에 일어나자마자 스마트폰 게임을 했다. 웹툰도 봤다. '아침 독서를 해야겠다'라는 생각조차 하지 않았다.

나는 퇴근하고 책을 읽기로 결심했다. 하지만 매일 독서하기는 어려웠다. 직장인에게 퇴근 후 독서하기 어려운 여러 가지 이유가 있다. 나에게는 크게 두 가지 이유가 있었다. 편히 쉬고 싶은 마음과 술자리이다. 퇴근 후 편히 쉬고 싶은 마음은 누구든 같은 마음일 것이라고 생각한다. 그저 퇴근하면 씻고 누워서 유튜브를 보다가 자고 싶다. 그렇게 실제로 쉬다 보면 어느새 12시가 된다. 심지어 새벽이 되기도 한다.

그뿐만 아니라 조직생활을 하면 회식을 해야 하는 경우도 있다. 회식을 하면 당연히 술도 마시게 된다. 우리 회사는 '119'라는 음주문화가 있다. 이는 '1차에서 1가지 술로 9시까지'라는 의미다. 아무리 늦어도 보통 9시면 회식이 끝난다. 그리고 집에 오면 대략 10시가 된다. 자기 전까지 시간이 충분히 남았다고 생각할 수도 있지만 실제 독서하기는 어렵다. 술에 취한 정신으로는 책을 읽기 어렵기 때문이다. 설령 읽는다고 해도 단순 글자 읽기에 불과할 것이다. 그렇게 2018년의 나는 꾸준히 독서하지 못했다.

그래서 나는 독서는 아침에 하는 것이 좋다고 생각한다. 아침에 독서하면 꾸준히 할 수밖에 없다. 아침은 독서하기에 최적의 환경이다. 일찍 일어나서 독서를 하면 방해하는 사람도 없다. 아침부터 술마실 수도 없는 노릇이다. 그리고 아침에는 회사일로 나를 찾는 사람도 없다. 또한 나에게 전화를 해서 방해하는 사람도 없다. 때문에 아침은 내가 온전히 집중할 수 있는 시간이다.

출근 시간을 이용해 독서를 활용하라

독서, 어떻게 매일 반복할까? 퇴근 후 읽으면 되지 않을까? 퇴근후 독서? 실상은 말처럼 쉽지 않다. 퇴근 후에는 여러 가지 방해요소가 있기 때문이다. 몸이 지치면 독서고 뭐고 없다. 쉬고 싶은 마음만 샘솟는다.

아침 독서를 위해 해야 할 일 몇 가지를 적어 보자. 그리고 제일 마지막에는 독서를 해 보자. 습관을 조금만 바꾸면 된다. 바로 아침 출근길에 변화를 주는 것이다. 집을 나서서 회사를 가는 짧으면 짧고 길면 긴 그 시간에 독서를 활용해 보자.

PART 2

속도보다
중요한 것은
습관이다

01

좋아하는
장르부터 시작하라

나이를 먹고 세월이 흐르면 시간이 없으니
좋아하는 일부터 먼저 하라.
― 이어령 ―

나에게 맞는 책의 장르를 찾아라

나는 네이버 카페 〈한국위닝독서연구소〉를 운영한다. 이곳의 회원들은 종종 묻는다. 책을 읽으려고 하는데 어떤 장르부터 시작해야 하냐고. 책에는 많은 장르가 있다. 시, 소설, 에세이, 자기계발서 등등. 어떤 회원은 소설을, 어떤 회원은 자기계발서를 추천한다. 저마다 다른 이유는 자신이 좋아하는 장르가 다르기 때문이다. 나는 이 질문에 대답하기 위해 2009년의 일을 떠올렸다. 내가 본격적으로 책을 읽기 시작한 때이다.

나 역시 처음 책을 읽을 때 어떤 책부터 읽어야 하는지 몰랐다. 친동생이 소설을 워낙 좋아해서 따라 읽었다. 하지만 20번이나 시도했음에도 불구하고 단 몇 페이지도 읽지 못했다. 그 책은 바로 조앤 K. 롤링의 《해리 포터》였다. 그래서 소설은 나와 안 맞는다고 생각했다. 그리고 나는 내가 무엇을 좋아하는지 떠올려 봤다. 나는 사람을 좋아했다. 그 사람이 어떤 생각을 갖고 살아왔는지, 어떤 삶을 살아왔는지, 그리고 앞으로 어떻게 살아갈 것인지에 대한 것을 알게 되는 것이 좋았다. 그래서 나는 자서전이나 위인전을 읽기 시작했다.

나는 짐 코리건 작가의 《스티브 잡스 이야기》를 읽었다. 2009년은 스티브 잡스의 인기가 치솟기 시작한 때였다. 아이폰을 가지고 다니면 마치 내가 센세이션한 사람이라는 느낌을 주었다. 위인전이라 그런지 재밌게 술술 읽혔다. 그래서 나는 자서전이나 위인전 장르가 나와 맞다고 확신했다. 그리고 해당 위인전 시리즈를 모두 읽었다. 〈명진〉 출판사에서 출간한 롤모델 시리즈 10권을 모두 샀다. 반기문, 버락 오바마, 힐러리 로댐 클린턴, 워런 버핏, 오프라 윈프리 등등 세계적으로 유명한 위인들에 관한 책들이었다.

몇 권의 위인전을 읽게 되자 나는 생각이 바뀌었다. 책 읽기 전에 성공한 사람들은 그냥 잘나서 혹은 대단해서 성공한 줄 알았다. 그러나 막상 책을 읽어 보니 그들에게는 모두 고난과 역경이 있었다. 그들은 수많은 어려움을 이겨내고 비로소 성공한 것이었다. 책을 읽고 나의 사고는 완전히 바뀌었다. '나도 할 수 있다', '나도 꿈을 갖고 열심히 노력하면 성공할 수 있겠다'라는 생각을 하게 되었다.

세상에는 두 종류의 사람이 있다. 성공한 사람들을 보면 '나도 성공할 수 있겠다'라고 생각하는 사람과 성공한 사람들을 보고도 '나는 이러한 이유 때문에 성공할 수 없다'라고 생각하는 사람이다. 결국, 둘 중에 전자의 생각을 갖고 있는 사람들은 꿈을 꾸고 도전해 꿈을 이루게 되는 경우가 많다. 하지만 후자의 생각을 갖고 있는 사람들은 지금의 상태에서 머물게 되는 경우가 많다.

재미를 느껴야 꾸준한 독서가 가능하다

나는 내가 좋아하는 장르인 위인전, 자서전 그리고 자기계발서 위주로 책을 읽기 시작했다. 2009년부터 2011년까지 수백 권의 책을 읽었다. 자기계발서를 읽던 중 나는 이지성 작가의 《리딩으로 리드하라》를 접했다. 책을 읽어 보니 역사적으로 훌륭한 위인들은 인문고전을 읽었다고 했다. 이는 동서고금을 막론하고 공통된 사실이라는 것이다. 그래서 나는 '고전을 읽어볼까?'라는 생각을 하게 되었다. 당시 나는 성공하고 싶었다. 그리고 막연히 훌륭한 사람이 되고 싶었다.

인문고전에는 여러 책이 많았다. 서양에는 소크라테스, 플라톤 등 최고의 고전들이 있었다. 동양에는 공자, 맹자, 순자 등의 고전들이 있었다. 어느 책부터 읽어야 할지 고민했다. 서양이든 동양이든 인문학을 처음 시작하는 나에게는 모두 똑같이 어려워 보였다. 고전에 대해 아무것도 몰랐던 나는 플라톤의 《소크라테스의 변명》이라는 책을 읽기 시작했다. 하지만 읽다 보니 내가 좋아하는 장르가 아니었다. 서양

철학과는 잘 안 맞았던 것이다.

그래서 나는 동양철학으로 눈길을 돌렸다. 동양철학 최고의 고전인 공자의 《논어》를 읽기로 했다. 《논어》는 평소 책을 읽으면서 가장 많이 들어 봤고 무엇보다 대한민국 대기업 회장들도 극찬하는 책이었다. 동양철학은 나와 잘 맞았다. 그래서 그 뒤로 동양고전만을 읽기 시작했다. 《맹자》, 《소학》, 《대학》, 《중용》 등의 책을 읽었다.

동양고전도 사람을 어떤 관점으로 보느냐에 따라 그 장르가 나뉜다. 한쪽은 맹자의 관점이자 성선설의 관점에서 인간을 바라보는 책들이다. 다른 한쪽은 순자의 관점이자 성악설의 관점에서 인간을 바라보는 책들이다. 나는 성선설을 더 좋아했고 맹자와 뜻을 같이 하는 책들을 읽었다. 그러다 보니 자연스럽게 성악설에도 관심이 생겼다. '성악설로 사람을 바라보는 관점을 가진 사람들은 어떤 책을 썼을까?' 하는 생각이 들었다. 그리고 차례대로 여러 종류의 인문고전을 읽었다.

2009년에 내가 처음부터 인문고전을 읽기 시작했다면 어떻게 되었을까? 아마 100% 독서를 포기했을 것이다. 인문고전을 읽으면서 '역시 책은 재미없어'라고 생각했을 것이다. 남들이 좋다고 하는 책보다 내가 좋아하는 장르의 책 읽기부터 시작해야 한다. 내가 재밌어야 꾸준히 할 수 있기 때문이다. 그리고 자연스레 습관이 생긴다.

좋아하는 장르로 독서 습관을 길러라

제대로 된 독서를 처음 하는 사람들은 어떤 책부터 읽어야 할지 감이 안 온다. 나 역시 그랬다. 그래서 처음에는 소설책을 읽다가 잠들기도 했다. 그리고 내가 좋아하는 자서전, 위인전, 자기계발서를 읽기 시작했다. 그렇게 좋아하는 장르부터 시작했다. 그러다 보니 자연스럽게 다른 분야의 책까지 읽게 되었다.

따라서 책을 읽을 때 내가 좋아하는 장르부터 시작하는 것이 좋다. 그래야 재밌게 책을 읽을 수 있다. 재밌게 책을 읽다 보면 습관도 잡힌다. 또한 좋아하는 장르를 읽다 보면 자연스럽게 다른 장르의 책도 접하게 된다.

02

독서가 생활의 일부가 되게 하라

하면 할수록 더 할 수 있다.
— 윌리엄 해즐릿 —

빠듯한 직장인의 일과

우리는 하루하루 정말 열심히 산다. OECD 국가 중 일하는 시간만 봐도 대한민국 사람들이 얼마나 열심히 일을 하는지 알 수 있다. OECD 발표에 따르면 멕시코 다음으로 우리가 가장 많이 일하는 나라다. 대한민국의 평범한 직장인들은 대략 이렇게 살아간다.

6~7시 기상 → 8~9시 회사 도착 → 9~12시 오전 업무 → 12~13시 점심 식사 → 13~18시 오후 업무 → 18~19시 저녁 식사 → 19~20시 집 도착 → 20~23시 약속, 술자리, 취미 활동 등

물론 18시 이후에 회사나 개인에 따라 야근을 할 수도 있다. 개인마다 차이가 있겠지만 어느 조직에 속한 직장인이라면 이 일과와 대부분 비슷할 것이다. 더 세부적으로 들어가서 우리가 하루를 어떻게 살아가고 있는지 그려 보자. 그리고 독서는 언제 하는지 떠올려 보자. 언제 독서를 하는가? 퇴근하고? 아침에? 출퇴근 버스에서? 점심시간? 아니면 독서하는 시간이 없는가? 한동안 나는 퇴근하고 집에 도착해서 책을 읽곤 했다.

한때 나는 인문고전에 심취했다. 중국 인문고전을 읽다 보니 우리나라의 인문고전도 많다는 것을 알게 되었다. 게다가 중국과 달리 우리나라의 인문고전은 상대적으로 배경지식을 많이 알고 있던 터라 더 쉽게 읽을 수 있었다. 특히, 나는 조선시대의 인문고전을 재밌게 읽었다. 이이의 《격몽요결》, 《성학집요》, 유성룡의 《징비록》 등을 읽었다. 여러 권의 인문고전을 읽게 되면서 나는 조선의 역사를 알아야겠다고 생각했다. 그리고 얼마 되지 않아 나는 조선의 역사와 관련된 책들을 모조리 사서 읽었다. 하지만 이번에는 중국의 역사를 알아야겠다는 생각이 들었다. 조선은 중국의 영향을 많이 받았기 때문이다.

그래서 이번에는 중국과 관련된 책을 사서 읽기로 했다. 그중에서 사람들이 가장 많이 읽는 김희영 작가의 《이야기 중국사》라는 책을 샀다. 당시 회사일이 바빴기 때문에 퇴근해야만 책을 읽을 수 있었다. 퇴근하면 1~2시간은 무조건 읽을 수 있었다. 하지만 나는 회사생활에 치이고 스트레스가 쌓이다 보니 퇴근하고 나면 쉬고만 싶었다. 책의 앞부분은 부지런히 읽었다. 그러나 시간이 지날수록 책 읽는 횟수가 줄어들더니 결국 퇴근하고 몰아서 읽으려고 했던 그 책을 다 못 읽었다.

당시 나는 '독서용' 책을 가지고 다니는 대신 오픽 책을 가지고 다녔다. 출퇴근하는 길에도 오픽을 공부했고 지문을 외웠다. 언제든 책을 읽을 수 있어야 하는데 그러지 못 했다. 내가 책을 읽을 수 있는 시간과 장소는 매우 한정적이었다. 사실 책을 24시간 내내 읽고 싶은 생각을 갖고 있는 사람은 많지 않을 것이다. 어떤 날은 읽고 싶지만 또 어떤 날은 읽기 싫기도 한다. 그 당시의 나는 오로지 퇴근하고 내 방으로 가야지만 책을 읽을 수 있었다. 그러니 책을 읽고 싶다는 생각이 들어도 책이 없어서 못 읽는 경우도 많았다. 그렇게 조금씩 미루다 보니 결국 나는 책과 거리를 두게 되었다.

언제든 책을 읽을 수 있는 환경을 조성하라

요즘 나는 책을 어디서든 읽을 수 있도록 비치해 둔다. 책상에는 물론이고 침대, 바닥에도 책이 있다. 그리고 가방에도 항상 두 권의 책을 넣고 다닌다. 언제, 어디서든 책을 읽고 싶을 때 읽기 위해서다. 책상에는 두 권의 책이 있다. 연준혁, 한상복 작가의 《보이지 않는 차이》와 네빌 고다드의 《믿음으로 걸어라》라는 책이다. 침대에도 두 권의 책이 있다. 하우석 작가의 《내 인생 5년 후》와 네빌 고다드의 《상상의 힘》이라는 책이다. 가방에도 두 권의 책이 있다. 리처드 브랜슨의 《내가 상상하면 현실이 된다》와 네빌 고다드의 《네빌 고다드 5일간의 강의》라는 책이다.

나는 항상 두 권의 책을 가지고 다닌다. 한 권은 네빌 고다드의 책으로, 의식에 관한 이야기를 다루었다. 나는 이 책을 읽으면서 점점 의식이 성장하고 있다. 매일 세상을 바라보는 관점이 달라진다. 남들과 다른 생각을 하게 된다. 평생 10번이고 100번이고 인생의 교과서처럼 읽을 책이다. 다른 하나는 내가 읽고 싶은 책이다. 한 권만 가지고 다니면 보다가 질릴 수 있다. 이는 내가 항상 두 권의 책을 가지고 다니는 이유이기도 하다. 이렇게 책을 읽으면 질리지 않고 재밌게 책을 읽을 수 있다.

10년간 책을 읽으면서 어느 해는 책을 꾸준히 읽은 적이 있다. 하지만 어느 해는 책을 거의 읽지 못한 해도 있었다. 나는 수년간의 독서 경험으로 독서도 습관이 중요하다는 것을 알게 되었다. 습관을 들이려면 두 가지가 꼭 필요하다. 하나는 매일 같은 시간에 꾸준히 읽는 것이다. 다른 하나는 언제, 어디서든 읽는 것이다. '나중에 시간나면 읽어야지'라는 생각은 위험하다. 나중은 없기 때문이다. 지금 해야 한다.

책 읽는 시간을 확보하라

최근에 나는 아침 출근 시간을 조금 더 효율적으로 보내기 위해 방법을 모색했다. 그리고 출근 방법에 변화를 주었다. 지금까지 나는 회사 셔틀버스를 주로 이용했는데, 이 셔틀버스를 이용하기 위해서는 적어도 집에서 6시 40분에는 나와야 했다. 나는 아침에 꼭 1시간은 책을 읽는 습관을 들이고 싶었다. 그래서 처음에는 기상 시간을 5시 30분으로 당겨 봤다. 그렇게 했더니 시간은 벌었으나 회사에서 조는 일이 발생했다. 때문에 나는 회사에서 주어진 일을 빨리 처리하고 퇴근해 독서 시간을 확보하는 게 좋은 방법이라고 생각하게 되었다.

다른 방법을 찾아봤지만 도저히 방법이 없는 듯 보였다. 그러던 어느 날 우연히 그 답을 찾았다. 바로 셔틀버스를 타지 않으면 되는 것이었다. 시내버스를 타고 출근하면 시간을 벌 수 있었다. 그때까지 시내버스 비용이 아까워서 무조건 셔틀버스를 타야 한다는 생각을 했었다. 하지만 나는 책을 읽으면서 돈보다 '시간'이 더 중요하다는 것을 깨달았다.

독서는 내 삶에 변화를 가져다주는데, 버스비가 아까워 책을 안 읽는다는 건 말이 안 되었다. 그래서 그때부터 나는 매일 6시에 일어나서 출근 준비를 하고 7시 30분까지 1시간씩 독서를 한다. 회사는 자율 출퇴근제라 8시 30분까지 도착해도 전혀 문제가 없다. 그렇게 나는 매일 아침 1시간씩 독서하는 습관을 들였다.

독서를 함에 있어 가장 중요한 것은 습관이다. 습관을 들이기 위해서는 독서를 우선순위로 두어야 한다. 그리고 언제, 어디서든 읽을 수 있도록 환경을 조성해야 한다. 책상, 침대, 책가방 속 어디든 책을 비치해 두어라. 그리고 하루의 생활 패턴을 생각해 보자. 아침에 일어나서 자기 직전까지, 독서를 할 수 있는 시간은 분명히 있을 것이다.

제대로 된 독서를 위해 습관을 들이고 싶다면, 항상 책을 읽는 환경을 조성하자. 하루에 조금이라도 좋으니 책 읽는 시간을 확보하자. 독서를 생활의 일부가 되게 하면 자연스럽게 독서 습관을 들일 수 있다.

03

책에 대한
책임감을 내려놓아라

단순히 읽기 시작했다는 이유만으로
결코 책을 끝까지 읽지 말라.

− 존 위더스푼 −

효율적인 책 읽기를 실천하라

첫 책을 출간하고 나서 나는 독자들에게 많은 질문을 받았다. 가장 많이 받은 질문은 도대체 책을 얼마나 많이 읽었냐는 것이다. 대부분의 독자들은 내가 1만 권 정도 읽었을 것이라고 생각한다. 혹은 적어도 수천 권은 읽었을 것이라고 생각한다. 그러면 나는 정확히 세어 보지는 않았지만 약 1,000권 정도 읽었다고 알려 준다. 물론 많이 읽으면 좋겠지만 현실적으로 직장인이 1만 권을 읽기란 정말 어렵다. 그래서 나는 사람들에게 한 권을 읽더라도 제대로 읽어야 한다고 알려 준다.

그다음으로 많이 하는 질문은 한 권을 읽는 데 걸리는 시간이다.

그러면 나는 책마다 다르다면서 어떤 책은 20분 만에, 다른 어떤 책은 3시간 정도 걸린다고 대답한다. 그러면 대부분의 독자들은 깜짝 놀란다. 20분 만에 읽는 책은 어떤 책인지, 내가 속독하는 건지 궁금해한다. 속독하지 않는다고 대답하면, 독자들은 깜짝 놀라며 어떻게 20분 만에 책을 다 읽는 것인지 되묻는다. 마지막으로 내가 책을 다 읽지 않는다고 대답하면 질문했던 독자들은 몹시 의아해한다.

우리는 흔히 '책 읽기'라고 하면 무조건 처음부터 끝까지 읽는 것을 생각한다. 왜 그렇게 생각하는지는 모르겠다. 물론 소설책 같은 장르는 줄거리를 알아야 하기 때문에 처음부터 읽어야 한다. 그러나 대부분의 실용서, 자기계발서는 처음부터 읽지 않아도 된다. 목차를 보고 읽고 싶은 부분을 읽거나 필요한 부분을 찾아서 읽어도 책을 이해하는 데 아무런 장애가 없다. 어차피 책을 다 읽어도 기억나는 부분은 일부분이기 때문이다.

그리고 또 다른 이유는 책은 교과서처럼 달달 외우면서 읽는 것이 아니기 때문이다. 책을 읽고 나서 내 삶에 적용할 수 있는 방법을 찾으면 더 이상 읽지 않아도 된다. 물론 책을 위해 지불한 돈이 아까울 수 있다. 하지만 구매한 돈이 아까워서 머리에 들어오지도 않는 책을 붙들고 있는 게 더 손해다. 그렇게 억지로 읽은 책은 나중에 기억도 나지 않는다. 오히려 찝찝한 기분만 남는다. 책의 모든 내용을 읽지 않았지만 내 인생에 가장 큰 깨달음을 주었던 책이 있다. 바로 정혜신 작가의 《당신이 옳다》라는 책이다. 나는 이 책을 반 정도 읽고 덮었다. 하지만 아직까지도 내 인생에서 손에 꼽히는 최고의 책이다.

깊은 슬럼프에서 빠져나올 수 있었던 이유

2018년의 일이다. 당시 나는 인생 최대의 슬럼프를 겪었다. 물론 내가 이렇게 이야기하면 대부분의 사람들은 "배부른 소리 한다."라고 한다. 겉으로 보기에 나는 잘 살고 있는 것처럼 보이기 때문이다.

하지만 내가 말하는 슬럼프란 회사만을 두고 하는 이야기가 아니다. 대한민국 직장인이라면 누구나 겪는 인생에 대한 고민이다.

'미래의 내 삶은 어떻게 될까?', '지금 이대로 사는 것이 맞는 걸까?', '나는 누구인가?', '내가 좋아하는 일은 무엇인가?', '내가 잘하는 일은 무엇인가?', '나는 무엇을 할 때 행복한가?', '내 인생의 목적은 무엇인가?', '내 꿈은 무엇인가?'

그때 나는 이 질문에 단 하나도 제대로 답을 하지 못했다. 그동안 나는 일에 치중해 내 인생관과 정체성도 확립하지 않고 살아가고 있었다. 한마디로 삶의 의미와 목적을 잃어버리고 살았던 것이다. 그렇다 보니 연봉이 아무리 높아도 사는 의미를 몰랐다. 혼자 고민만 하다가 나는 '이렇게 살면 무슨 소용일까?' 하는 생각이 들었다. 그리고 이런 삶이 지속되고 경제적으로 어려움을 겪게 되면 자살을 할 수도 있겠다는 생각마저 들었다.

혹시나 오해가 있을까 봐 다시 말한다. 내가 자살한다는 것은 절대 아니다. 전에는 자살하는 사람들의 심리를 이해하지 못했다. 그저 나약하다고만 생각했다. 그럴 용기로 살아가면 얼마든지 잘 살아갈 수 있을 것이라고 생각했다. 그런데 한번 슬럼프가 크게 찾아오니 별의별 생각이 들었다는 의미다. 이런 고민을 안고 회사를 다니던 중 나는 부서 선배에게 고민을 털어놨다. 처음에는 나보고 나약하다고 할까 봐 걱정했다. 하지만 나를 충분히 이해한다며 많은 이야기를 해주었다. 그리고 책 한 권을 추천받았다. 그게 바로 정혜신 작가의 《당신이 옳다》라는 책이었다.

나는 바로 인터넷으로 책을 구매했다. 그리고 책을 받자마자 단숨에 읽어 나갔다. 그 책에서는 말한다. 나의 마음은 옳다고. 내가 무엇을 생각하든 옳다고. 심지어 누구를 죽이고 싶은 마음도, 내가 죽고 싶다는 마음도 옳다는 것이다. 나는 그 책으로 많은 위로를 받았다. 물론 마음에서 우러나온 생각을 무조건 행동으로 옮기는 것은 차원이 다른 문제다. 행동은 옳고 그름이 분명하다. 책에서는 나의 마음은 틀릴 수 없다고 말한다. '내 마음의 주인은 나'이기 때문이다. 따라서 내 마음이 틀릴 수는 없다. 이 책을 읽고 나는 스스로 치유할 수 있었다. 그렇게 나는 책의 중간까지 읽고 덮었다. 더 이상 책을 읽을 필요가 없었다. 뒤의 내용은 다른 사례들에 관한 이야기였고, 나는 이미 책을 통해 충분히 문제를 해결했다.

책에 대한 책임감부터 내려놓아라

내가 무조건 책을 처음부터 끝까지 읽었던 시절이 있었다. 당시에는 이런 독서법에 자부심도 느꼈다. 2011년부터 2012년 사이에 나는 정말 미친 듯이 책을 읽었다. 내 인생에서 가장 많은 책을 읽었던 시기이다. 평일 기준, 하루에 1~2권씩 읽었다. 주말에는 3~4권씩 읽었다. 그리고는 뿌듯해하면서 하루하루를 보냈던 기억이 난다.

반면, 내가 읽었던 그 많은 책 중에 기억나는 책은 몇 권이나 있을까? 그때 읽었던 책을 모아둔 방으로 들어가 봤다. 책장에 빼곡히 쌓여 있는 책을 보면 뿌듯함과 함께 감격스럽기까지 하다. 그러나 대략 700~800권의 책 중에서 기억에 남는 책은 몇 권 없다. 책을 한 번 훑어보면 10권 정도만 어렴풋이 기억이 난다. 그 외에는 어떤 내용이었는지 기억이 안 난다.

우리는 책을 읽는다고 하면 무조건 처음부터 끝까지 다 읽어야 한다고 생각한다. 왜 그럴까? 무의식적으로 생각하는 걸까? 아무도 알려 주지 않아서 그럴 수 있다. 혹은 구매한 돈이 아까워서 그럴 수도 있다.

이제부터 책에 대한 책임감을 내려놓자. 존 위더스푼의 명언을 상기해 보자. 단순히 읽기 시작했다는 이유만으로 결코 책을 끝까지 읽지 말기를 바란다.

04

나에게 가장
편안한 장소에서 읽어라

집은 책으로, 정원은 꽃으로 가득 채워라.
- 토마스 칼라일 -

독서하기 편한 나만의 장소를 찾아라

2012년 나는 군 복무를 장교로 시작했다. 일반 군인들과는 달리 장교들에게는 숙소가 제공된다. 당시 나의 선임은 착했다. 그는 본인이 후임일 때 선임에게 너무 시달려서 나에게 일부러 더 잘해 준다고 했다. 숙소는 2인 1실로, 2층 침대를 썼는데 그 선임은 나에게 1층을 양보했다. 나에게 선뜻 호의를 베푸는 그에게 무척 고마웠다.

2013년 중위가 된 나는 독방을 쓸 수 있게 되었다. 크기도 이전보다 컸다. 하지만 책상은 있는 반면에 의자가 없었다. 그래서 나는 인터넷에서 의자를 알아 봤다. 2~3만 원 정도인 저렴한 목제 의자부터 15~20만 원인 컴퓨터게임용 의자까지 다양했다. 당시 중위였던 나의 월급은 약 150만 원 내외였다. 큰마음 먹고 15만 원 상당의 컴퓨터게 임용 의자를 구매했다. 그렇게 편안한 의자에 앉아서 책을 읽을 수 있었다.

2009년은 내가 처음 책을 읽기 시작했을 때다. 책은 도대체 어디서 읽어야 되는지 감이 안 왔다. '공부할 때처럼 조용한 도서관으로 가야 되나? 아니면 시끌벅적한 카페를 가야 되나?'라며 혼자 고민하고 있었다. 그래서 주위에 책을 잘 읽는 지인에게 어디에서 읽어야 되는지 물어봤다. 그 지인은 다름 아닌 나의 친동생이었다. 나의 친동생은 소설을 좋아하는 독서광이었다.

동생은 아침에 화장실에서 읽어 보라고 권했다. 당시 집은 아침만 되면 화장실이 난리였다. 동생이 화장실에 들어가면 최소 30분 동안 나오기 않았기 때문이다. 나는 변비라도 걸린 줄 알았다. 그렇지 않더라도 그 정도로 오래 앉아 있으면 변비에 걸릴 것 같았다. 화장실에서 나온 동생은 아침에 화장실에서 책 읽는 시간이 좋다고 했다. 그래서 나도 동생을 따라 했다. 하지만 나와는 맞지 않았다. 일단 화장실에서 책을 읽으려고 하는 것 자체가 너무 어색했다. 집중력도 떨어졌다. 지금 생각하면 좀 특이한 경우이지만 동생에게는 가장 편안한 장소가 바로 화장실이었다.

나에게 적절한 장소는 일상생활 속에 있다

동생에게 편안한 장소가 나에게는 영 불편한 장소였기 때문에 나는 또 다른 질문을 던졌다. 독서하기 편안한 장소가 아닌 불편한 장소는 어디냐고 물어봤던 것이다. 내 질문에 동생은 버스에서는 책을 읽기 어렵다고 했다. 그리고 버스에서 책을 읽으면 멀미가 난다고 덧붙였다. 동생과 정반대의 성격을 갖고 있는 나는 동생에게 안 맞는 장소가 나에게는 잘 맞을지도 모르겠다는 생각을 했다.

그리고 얼마 되지 않아 나는 등굣길 버스에서 책을 펼쳤다. 정말 잘 읽혔다. 심지어 차멀미도 전혀 없었다. 난 최고의 명당을 찾았다고 생각했다. 그동안 버스를 타면 멍하게 있거나 음악을 들었다. 하지만 그때 나에게는 책을 봐도 멀미가 없다는 것을 알게 되었다. 심지어 집중도 잘된다는 것을 알았다. 이후로 나는 버스에서 독서를 하기 시작했다. 어느 날은 대학교 과제를 하기도 했다. 그렇게 나에게 맞는 적절한 장소를 찾게 되었다. 한동안 나는 버스에서 많은 독서를 했다.

나는 지난 2년 동안 버스에서 멍하게 보낸 시간이 정말 아까웠다. '만약 내가 빨리 알았다면 그 시간에 얼마나 많은 책을 읽었을까?'라고 생각했다. 그리고 정말 늦게 알게 된 나 자신이 안타까웠다. 하지만 지나간 시간은 돌아오지 않는다. 한탄하고 아쉬워해 봐야 남는 건 후회밖에 없다. 나는 미래를 생각했다. 그리고 앞으로 더 열심히 책을 읽어야겠다고 다짐했다. 나중에 지금 순간을 돌아봤을 때 후회하고 싶지 않았다. 그래서 나는 미래에 후회하지 않기 위해 매 순간 최선을 다했다. 그렇게 나는 등교할 때 버스에서 책을 읽었다. 정말 행운이었던 것은 버스 정류장이 우리 집 앞이라는 사실이었다. 나는 늘 버스에서 앉아서 등교했기 때문에 그곳을 아주 편안한 도서관처럼 이용했다.

직접 부딪쳐야 최적의 장소를 찾을 수 있다

책을 읽다 보니 더욱더 재미를 붙이게 되었다. 등하교길 말고도 책을 더 읽었다. 처음에는 집에서 읽었다. 책상에 앉아서 책을 읽었는데, 언제부터인지 눈앞에 침대가 크게 보이기 시작했다. 이내 침대에서 누워서 읽고 싶다는 생각을 하게 되었다. 결국 나는 침대에 누워 책을 폈다. 그리고 잠이 들었다. 이후 몇 번을 더 독서를 하려 했지만 같은 상황이 반복되었다. 집은 책을 읽기에는 너무도 편안한 장소였다.

나는 근처 도서관으로 갔다. 도서관은 별도 이용료가 없었다. 그래서 시간이 나면 집 근처에 있는 구립 도서관으로 갔다. 특히 주말에 자주 애용했다. 그런데 또 다른 문제가 생겼다. 도서관은 너무 조용했다. 가만히 생각해 보면 도서관은 조용해서 집중이 잘될 것 같다. 하지만 나에게 너무 조용한 장소는 맞지 않았다. 오히려 어느 정도의 소음이 있는 장소가 책 읽기에 좋았다.

그렇게 나는 며칠간 도서관을 이용하다가 다른 곳을 찾았다. 바로 집 근처에 있는 공원과 놀이터였다. 공원과 놀이터는 너무 시끄럽지도 조용하지도 않는 장소였다. 내가 책 읽기에는 더할 나위 없는 장소였다. 가끔 정자에 누워서 봐도 좋았다. 정자 바닥은 딱딱했던지라 졸리지는 않은 장소였다. 그렇게 나는 수시로 책을 읽으면서 나에게 맞는 장소들을 찾아 다녔다.

독서 장소는 중요하다. 책을 읽고는 싶은데 읽기 어렵다고 느낀 적이 있지 않은가? 그렇다면 장소를 한번 확인해 보자. 지금 독서하는 장소가 나에게 맞지 않을 수 있다. 사람마다 편하게 생각하는 장소는 다 다르다. 내 동생에게 독서하기 편한 장소가 화장실이었지만 나에게는 맞지 않았다. 반대로 내 동생에게 버스 안은 책 읽기 어려운 장소였지만 나에게는 최적의 장소였다.

그동안 여러 번 독서를 시도했지만 번번히 실패했다면, 나만의 장소를 찾아보자. 카페가 될 수도, 도서관이 될 수도 있다. 혹은 집이 될 수도 있다. 일단 직접 찾아가서 독서를 해 보자. 그러면 머지않아 나에게 맞는 최적의 장소를 발견할 것이다.

05

꼼꼼히 읽어야 한다는 강박관념에서 벗어나라

앞서가는 방법의 비밀은 시작하는 것이다.
시작하는 방법의 비밀은 복잡하고 과중한 작업을 할 수 있는 작은 업무로 나누어,
그 첫 번째 업무부터 시작하는 것이다.
- 마크 트웨인 -

내가 두 권의 책을 가지고 다니는 이유

고등학교 시절 국사 수업 시간이 기억난다. 국사라는 과목은 기본적으로 암기가 바탕이 되어야 하는 과목이다. 누군가는 흐름을 알면 된다고 한다. 암기과목이 아니라고 하는 사람도 있다. 그래도 기본적으로 암기를 해야 하는 과목인 건 분명한 것 같다. 연도나 사건 등 필수적으로 암기해야 할 것들이 있다. 이런 역사과목을 공부할 때는 책 전체를 거의 먹다시피 해야 한다. 꼼꼼히 읽고 내용을 정리해야 한다. 그리고 나만의 노트에 흐름도 정리해야 한다. 어디서 문제가 나올지 모른다.

나는 항상 두 권의 책을 가지고 다닌다. 한 권은 작가 네빌 고다드가 쓴 책이다. 다른 한 권은 그때 그때 내가 읽고 싶은 책이다. 두 권의 책을 가지고 다니는 이유는 한 권을 읽다가 질릴 수 있기 때문이다. 번갈아 가며 읽으면 꾸준히 읽을 수 있다. 나는 《퇴근 후 1시간 독서법》을 집필할 때부터 네빌 고다드 작가의 《믿음으로 걸어라》를 항상 가지고 다녔다.

네빌 고다드는 형이상학자다. 그는 상상이 현실을 창조한다는 법칙에 대해 이야기한다. 기존에는 자기계발과 인문 서적만 읽었던 나였다. 이런 종류의 책은 처음이었다. 처음이어서 그랬던 걸까? 예전의 습관처럼 또 책을 꼼꼼히 읽기 시작했다. 한 줄 한 줄 다 이해하려고 했다. 그런데 그렇게 읽다 보니까 어렵기도 하고 재미를 느끼기 어려웠다. 그래서 평소 나는 두 권의 책을 가지고 다녔지만 보통 네빌 고다드의 저서가 아닌 다른 책을 읽고는 했다.

네빌 고다드의 책을 읽지 않아서인지 뭔가 찜찜했다. 자꾸 네빌 고다드가 이 책은 꼭 읽어야 하는 책이라고 나에게 말하고 있는 느낌이 들었다. 그래서 두 권을 가지고 다니면서 천천히라도 읽기 시작했다. 그렇게 나는 한 책을 읽다가 질리면 다른 책을 읽는 방식으로 번갈아 가며 읽었다.

내가 꿈을 향해 부지런히 나아가게 된 계기

내가 두 권의 책 중 네빌 고다드의 책을 꼭 가지고 다니는 이유가 있다. 바로 〈한책협〉 김태광 대표 코치님 덕분이다. 나의 멘토이기도 한 김태광 대표 코치님은 내가 꿈에도 그리던 삶을 직접 이루었다. 자신이 좋아하는 일을 하면서 시간과 경제적 자유를 얻었다. 흔히 좋아하는 일을 하면 경제적으로 궁핍할 것이라고 생각한다. 하지만 현재 김태광 대표 코치님은 40대 초반에 100억 부자다. 펴낸 저서만 200여 권으로 그동안 900명가량의 작가를 배출했다. 그리고 결정적으로 꿈을 이루신 분이다. 대표 코치님은 20대부터 꾸었던 꿈을 모두 이루었다.

여태까지 내가 대한민국 사회에서 살면서 제일 많이 들었던 말은 "꿈 깨라!"였다. 사람들은 먹고살기 바쁜데 무슨 꿈이냐고 한다. 그리고 꿈을 이룬 사람들은 없다고 말한다. 현실 세계에서 월급이나 받으며 잘 살라고 한다. 그런 그들의 말을 들으며 나는 32년 동안 살아왔다. 그리고 그것이 답인 줄로만 알았다. 그런 내가 김태광 대표 코치님의 '1일 특강'에 이어 '책쓰기 과정'까지 수강했다. 그리고 지금 나는 꿈을 향해 매일 부지런히 나아가고 있다.

나의 멘토인 김태광 대표 코치님께서는 '네빌 고다드'라는 사람 덕분에 이렇게 큰 성공을 이루었다고 말한다. 네빌 고다드의 책을 수십, 수백 번도 더 읽었다고 한다. 그의 책은 수백만 원이더라도 살 것이라고도 말한다.

나는 김태광 대표 코치님이 직접 운영하는 유튜브 채널 〈김도사TV〉를 자주 시청한다. 〈김도사TV〉에는 여러 영상들이 올라온다. 나는 영상 중 대표 코치님이 네빌 고다드의 책에 뽀뽀하는 장면을 봤다. 처음에는 연출된 장면인가 싶었다. 하지만 매일 네빌 고다드의 책을 읽은 결과, 그만큼의 가치가 있다고 생각하게 되었다.

내가 처음 네빌 고다드의 책을 접했을 때 너무 꼼꼼히 읽었던 경향이 있었다. 그래서 그런지 재미가 떨어졌다. 하지만 소설책 읽듯이 술술 읽기 시작한 뒤부터는 책 자체가 재밌게 느껴졌다. 내용 또한 이해가 되었다. 지금은 들고 다니는 두 권의 책 중에 항상 네빌 고다드의 책부터 읽는다. 나는 네빌 고다드가 말하는 것들을 의심하지 않고 흡수하고 있다. 믿음이 생기니 네빌 고다드를 사랑하게 되는 것은 자연스러운 과정이었다.

소설을 읽듯이 편안하게 책을 읽어라

나는 출근하는 버스 안에서 책을 읽을 뿐 아니라 횡단보도의 청색 신호를 기다리는 동안에도 책을 읽는다. 버스에서 내려 회사까지 가는 길에는 몇 개의 횡단보도를 건너야 한다. 어느 날, 횡단보도 신호가 바뀌는 동안 책을 읽고 있는 나를 발견한 직장 동료가 있었다. 직장 동료 K는 나를 신기해하며 말을 걸었다.

"와, 정소장! 무슨 책을 길에서도 읽냐? 대단해!"

"독서 습관이 들어서 조금이라도 시간이 나면 책을 읽어. 특히 회사에 도착하기 전까지 책 읽으면 너무 좋더라."

"무슨 책을 그렇게 꼼꼼히 읽는 거야? 펜까지 들고?"

"아, 책 보다가 좋은 구절 혹은 마음에 드는 구절이 있으면 밑줄을 치는 거야."

"이야, 역시 서울대 출신이라 책도 교과서처럼 읽는구만!"

물론 내가 교과서 공부하듯이 꼼꼼히 책을 읽는 것은 아니었다. 하지만 K에게 일일이 설명하기에는 신호 대기 시간이 짧았다. 그래서 K와 나는 호탕하게 웃으며 대화를 끝낼 수밖에 없었다.

나는 출퇴근길을 포함해 어디에서든 책을 읽는다. 항상 펜을 들고 책을 읽는다. 밑줄을 치기도 하면서 다시 보고 싶은 구절이 있을 때는 별표를 한다. 그리고 여백에는 메모를 하기도 한다. 당시 떠오르는 생각, 느낌 등을 적는 것이다. 남이 보기에는 교과서를 보는 것과 같이 꼼꼼히 읽는 것처럼 보일 수도 있다.

하지만 조금 다르다. 나는 교과서처럼 꼼꼼히 하나부터 열까지 다 외우면서 보지 않는다. 그저 소설책 읽듯이 읽기도 한다. 그러다가 나에게 확 다가오는 문장들이 있다. 혹은 나를 잡아당기는 문장들이 있다. 그런 문장들은 몇 번이고 다시 볼 수 있도록 표시를 해두는 것이다.

꼼꼼히 읽어야 한다는 강박관념에서 벗어나라! 우리는 책을 볼 때 교과서처럼 처음부터 끝까지 꼼꼼히 볼 필요가 없다. 책을 읽는 것은 시험을 보는 것이 아니다. 책을 보고 내 인생에 변화를 주기 위함이다. 꼼꼼히 읽다 보면 오히려 재미가 떨어진다. 또한 독서 습관을 들이기도 전에 포기하는 경우가 많다. 오히려 소설책 읽듯이 편한 마음으로 책을 읽는 것이 좋다.

06

확실한
독서의 목적을 설정하라

달혀 있기만 한 책은 블록일 뿐이다.

— 토마스 플러 —

책을 읽는다는 것의 의미는 무엇일까

2019년 2주 정도 같이 일했던 L 선배로부터 연락을 받았다. 나의 첫 책 《퇴근 후 1시간 독서법》을 샀다는 것이다. 퇴근 후에 책 읽기도 어려운데 어떻게 책까지 썼냐며 대화를 이어갔다. 그러던 중, L 선배는 책을 읽고 싶은 마음이 있으나 퇴근 후 유튜브와 웹툰을 보다 보면 하루가 끝난다고 했다.

당시 예약판매 기간이라 책을 받지 못한 선배였다. 선배는 어떻게 1시간 만에 책을 다 읽을 수 있었냐고 물었다. 나는 다 읽는 것이 아니라고 말했다. 그리고 내 책을 보면 왜 다 안 읽어도 되는지에 대해 알 수 있다고 말했다. 그리고 L 선배는 책을 읽고 다시 이야기하자고 했다.

대부분의 사람들은 책을 읽는다고 하면 무조건 한 권을 다 읽어야 한다고 생각한다. "책을 읽었다."라는 말은 곧 "책 한 권을 통째로 쉬지 않고 한 번에 읽었다."라고 인식하는 사람들이 꽤 있다. 왜 이런 등식을 세우는 걸까? 예전부터 책을 읽는다는 것의 의미는 책 한 권을 다 읽는 것으로 통용되고 있는지도 모르겠다.

책을 읽는다는 것은 꼭 한 번에 한 권을 내리 읽는다는 것이 아니다. 토마스 플러도 "닫혀 있기만 한 책은 블록일 뿐이다."라고 말하지 않았는가.

스스로에게 질문을 던지는 책을 읽어라

2009년 당시 같이 일했던 L 팀장이 다독을 했다는 사실을 알게 되었다. 평소 나는 그를 존경했던 터라 닮고 싶어 했다. 그래서 나도 책을 읽기로 했다. 하지만 처음부터 책이 잘 읽히지는 않았다. 《해리포터》 시리즈를 읽으면서 여러 번 졸기도 했다. 도저히 책 읽기가 어려워서 다큐멘터리를 보며 집중력을 기르는 연습을 하기도 했다. 그리고 독서하기 적절한 곳도 찾지 못해 이리저리 옮겨 다니며 나만의 장소를 찾기도 했다. 그러면서 차츰 독서 습관을 가지게 되었다.

당시 200페이지 책들을 읽는 데 대략 3시간 정도의 시간이 걸렸다. 나는 남들에 비해 책 한 권을 읽는 데 시간이 많이 필요한 편이었다. 어느 정도 책 읽기에 자신감이 붙자 독서 습관이 몸에 배었다. 그리고 미친 듯이 눈에 보이는 책이란 책은 다 읽기 시작했다. 그때 집에 있던 두 권의 책을 읽었다. 홍자성의 《채근담》과 추적의 《명심보감》이다. 누가 알려 주지는 않았지만 마침 집에 있었고 내 눈에 들어왔다.

두 권의 책은 내가 여태까지 읽었던 책들과 달랐다. 이전의 책들은 한 챕터를 다 읽어야 전반적인 내용과 흐름이 내 머릿속에 들어왔다. 그런데 홍자성의 《채근담》과 추적의 《명심보감》은 구성 자체가 한두 페이지만 읽어도 되는 식으로 되어 있었다. 한 페이지를 읽어도 많은 의미들이 담겨 있었다. 그리고 한 페이지를 읽고 많은 생각을 하게 해 주었다.

그때까지 책을 따라서만 읽던 나였다. 하지만 자연스럽게 이러한 책들을 읽게 되니 스스로 질문을 하게 되었고, 내 삶을 되돌아보게 되었다. 앞으로 어떻게 살아가야 하는지도 사색하게 되었다. 어느 때는 한 페이지를 읽었는데 한 권을 읽은 것 같은 기분이 들 때도 있었다. 그때 나는 때로는 한 페이지만 읽어도 한 권보다 더 큰 가치를 알게 되는 경우가 있다는 것을 처음 알게 되었다.

책을 읽는 목적을 설정하라

2019년 4월, 나는 〈한책협〉이라는 곳에서 매주 토요일마다 '책쓰기 과정'을 들었다. 그 외 여러 가지 특강도 있어서 나는 모든 특강을 신청해서 수강했다. 그러다 보니 자연스럽게 책 읽는 시간도 줄어들게 되었다. 그래서 나는 일정한 시간에 한 페이지라도 꾸준히 읽어야 겠다고 생각했다. 그때쯤 이미 나는 책 한 페이지의 힘을 알고 있던 터였다. 독서할 시간을 확보해야 했다. 그렇게 나는 고민하다가 좋은 시간대를 찾았다. 바로 평일 점심시간이었다.

회사에서의 점심시간은 1시간이다. 나는 그 1시간이 어떻게 흘러 가는지 유심히 생각했다. 보통 밥을 먹고 커피를 마시면 시간이 다 지나갔다. 1시간이 왜 이렇게 빨리 지나가는 것인지 의아해하면서 커 피 마시는 것을 피했다. 대신 그 시간에 책을 읽었다. 당시 내가 읽었 던 책은 오리슨 S. 마든 작가의 《부의 비밀》이었다. 이 책을 밥 먹고 남는 점심시간 약 3~5분 동안 읽었다. 거의 한 페이지 내지 두 페이 지 정도를 읽을 수 있었다.

나는 이 책을 정말 감명 깊게 읽었다. 의식, 생각, 마음이 얼마나 중요한지 알게 되었다. 이 책에서 소개하는 사례를 보고는 마치 머리 가 폭발한 느낌이 들기도 했다. 자연스럽게 '유레카'라는 단어가 떠올 랐다. 책에서는 토끼와 거북이의 경주 이야기를 소개한다. 저자는 거 북이가 이긴 이유를 묻는다. 보통 사람들은 "거북이가 포기하지 않 고 끈질기게 노력해서."라고 말한다. 나 역시 그렇게 생각했다. 하지만 바로 여기서 그 사람의 초점이 어디에 맞추어져 있는지 확인할 수 있 다. 앞서 거북이의 인내심을 언급한 사람들의 초점은 바로 행동과 실 천에 맞춰져 있는 것이다.

한편 토끼와 거북이의 경주 이야기에서 우리가 간과한 부분이 있다. 바로 거북이의 의식이다. 거북이는 피나는 노력을 했다. 하지만 그 노력 이전에 무엇이 있었을까? 바로 토끼를 이길 수 있다고 생각한 것이다. '나는 절대 토끼를 못 이길 거야'와 같은 의식이 아니라 '나는 토끼를 이길 수 있어'라고 생각하는 그 의식. '할 수 있다'는 긍정적인 마음이 우선인 것이다. 그다음이 실천이다. 이런 의식과 마음이 없었다면 실천도 없다. 당연한 이치다.

우리의 행동과 실천은 모두 마음에서 비롯되었다. 나는 정말이지 큰 깨달음을 얻게 되었다. 우리가 하는 행동과 실천으로 인해 얻는 결과들은 모두 우리의 마음에서 비롯되었다는 것을 알게 되었다. 그것이 의식적이든 무의식적이든 모두 마음에서 비롯된 것이다. 이 책을 펼치는 순간부터 나는 의식이 얼마나 중요한지 우화를 통해 알게 되었다.

이제 성공한 사람을 알게 되면 나는 그의 업적과 성공 방식보다 의식이 먼저 궁금해진다. 도대체 어떤 생각으로 살아왔을까? 지금은 어떤 의식을 하며 살아가고 있을까? 그들의 삶의 철학은 무엇일까?

이제는 목적을 생각하면서 책을 읽어 보자. 깨달음을 얻거나 내 삶에 변화를 가져다주는 그런 책을 읽는 것이다. 그로 인해 내가 변하는 것, 이게 바로 책을 읽는 목적이 아닐까. 책 한 페이지만 읽어도 내가 변한다면 그것으로 목적을 달성한 것이다.

07

삶을 바꾸는 독서가
진정한 독서다

내가 책을 읽을 때 눈으로만 읽는 것 같지만 가끔씩 나에게 의미가 있는 대목,
어쩌면 한 구절만이라도 우연히 발견하면 책은 나의 일부가 된다.

— 윌리엄 서머셋 —

책 속의 한 구절은
나를 움직이게 하는 원동력이 된다

책을 열심히 읽었지만 책을 읽고 머리에 한 구절만 남았다면 어떨
까? 돈이 아까울까? 시간이 아까울까? 나는 나의 첫 번째 책 《퇴근
후 1시간 독서법》을 읽은 독자분들에게 물어봤다. 한 독자는 짜증날
것 같다고 했다. 어떤 독자는 그럴 거면 책을 왜 읽는 거냐고 되물었
다. 또 다른 독자는 한 문장을 찾기 위해 책을 읽는다고 했다.

나도 처음 책을 읽을 때 머릿속에 많이 남길 위했다. 지식두 많아
졌으면 싶었다. 그러다가 나는 내 생각에 큰 변화를 주는 책을 만나
게 되었다.

2010년 당시 우리 집 서재에는 여러 책들이 꽂혀 있었다. 그 많은 책 중에 나를 강력하게 끌어당기는 책 한 권이 있었다. 바로 故 정주영 회장의 《시련은 있어도 실패는 없다》라는 책이었다. 표지도 엄청 매력적이었다. 당시에는 엄청난 위인이 아니고는 책에 얼굴이 실리는 경우가 없었다. 그런데 이 책 표지에는 저자의 얼굴이 떡하니 걸려 있었다. 그리고 표지에 한자로 크게 저자의 이름 '鄭周永'이 적혀 있었다. 나는 유명한 사람들을 보면 괜히 나와의 공통점을 찾고 싶은 마음이 들었다. 그래서 이 표지를 보고 나의 성 씨와 동일한 '나라 정' 자가 눈에 들어왔다. 이런저런 이유로 나는 이 책을 펼치게 되었고, 단숨에 읽어 내려가기 시작했다.

전형적인 자서전이었다. 故 정주영 회장의 일대기를 그린 책이었다. 어려서부터 고생한 이야기부터 수없이 많은 고난과 역경에도 불구하고 결국 성공한 그의 삶을 그려 냈다. 보통 사람이라면 포기했을 텐데 그는 포기하지 않고 계속 도전했다. 그리고 성공을 쟁취했다. 책 내용에는 너무 감명 깊은 에피소드가 많았다. 그는 불모지 같은 대한민국 땅에서 자동차 산업, 조선업, 건설업 등 굵직한 산업을 성공적으로 이끌었다. 내가 가장 감명 깊었던 부분은 "이봐, 해 봤어?"라고 묻는 부분이다.

그는 회장으로서 어떤 사업을 추진하려고 했다. 그 사업에 대해 회사의 중진들이 그에게 보고를 하면서 이런저런 이유로 불가능할 거라고 말했다. 그때 故 정주영 회장은 이렇게 말했다.

"이봐, 해 봤어?"

급기야 故 정주영 회장은 역정을 냈다. 그리고 계속해서 사업을 추진했다. 결국 불가능할 것이란 사업은 큰 성공을 거두었다.

나는 이 책을 읽고 지금까지도 한 구절이 머리에 남아 있다. 그의 삶이 정확히 어땠는지, 어떤 사업을 했는지도 기억이 안 난다. 하지만 이 구절은 오랫동안 머릿속에 남았다. 그리고 지금까지도 나를 움직이게 하는 원동력이 되었다.

살아 있는 지식을 한 구절이라도 얻어라

우리는 무엇인가를 실행할 때 주저하는 순간이 있다. 나는 그러한 순간이 찾아올 때마다 '이봐, 해 봤어?'라는 정신을 떠올린다. 해 보지도 않고 미리 포기한다면 아무것도 이룰 수 없다.

일단 시작을 해야 이룰 수 있다. 시작하지도 않고 계속 고민만 한다면 어떻게 될까? 고민하는 시간에 이미 누군가는 시작을 했다. 그리고 그들은 하나씩 해내고 있다. 무엇인가를 쟁취하고 이루기 위해서는 일단 시작을 해야 한다. 지레 겁먹을 필요가 없다. 내가 할 수 있다는 의지와 의식만 있다면 무엇이든 이룰 수 있다. 나는 이렇게 나의 인생에 영향을 주는 한 구절만 남아도 좋다고 생각한다

이런 한 문장은 정말 살아 있는 지식이다. 단순히 암기해서 외우는 지식은 죽어있는 지식일 뿐이다. 나의 삶이 나아지는 데 전혀 도

움이 되지 않는다. 내 삶을 바꾸기 위해서는 살아 있는 지식이 필요하다. 책을 읽고 살아 있는 지식을 한 구절이라도 얻는다면 그건 독서를 충분히 했다고 할 수 있다.

책의 재미를 느낀 뒤 나는 점점 더 많은 책을 읽게 되었다. 많이 읽는 것이 그저 최고의 독서라고 생각했었다. 그리고 책의 양에 욕심이 생기기도 했다. 내가 읽었던 책 중에 읽고 나서 정말 하나도 기억에 남지 않는 책이 있다. 바로 김헌 작가의 《골프천재가 된 홍대리》 시리즈다. 그 책을 읽을 때의 나는 대학생이었다. 골프에 관심도 없었다. 그저 홍대리 시리즈가 쉽고 빨리 읽을 수 있는 책이라 좋았다. 책을 많이 읽을 수 있다는 것이 뿌듯했다. 당시 나에게는 책의 내용보다 하루에 몇 권의 책을 읽었는지가 더 중요했다.

내가 골프를 할 예정이었다면 분명히 이 책도 나에게 기억에 남는 책이 되었을 것이다. 그뿐만 아니라 최고의 책이 되었을 수도 있다. 하지만 당시 나는 독서의 목적도 없이 하루에 1~2권 읽는 목표만 세웠다. 그리고 읽기 쉬운 책들만 골라서 읽었다. 목적을 세우지 않고 책의 양에 치중한 목표만 세우고 독서를 한 것이다.

지금 생각해 보면 잘못된 독서 목표로 인해 시간 낭비한 것이다. 그래서 책 읽는 데도 독서법이 필요한 것이다. 당시 나는 책을 읽는 방법을 소개하는 책이 있을 줄은 생각도 못했다. 그때 제대로 된 독서법을 통해 책을 읽기 시작했다면 어땠을까?

독서가 삶의 일상이 되고 내 삶이 변했다

최근에 읽었던 책 중에 한 구절이 머릿속에 남은 적이 있었다. 바로 고이케 히로시 작가의 《2억 빚을 진 내게 우주님이 가르쳐준 운이 풀리는 말버릇》이라는 책이다. 이 책은 일본의 어떤 사람에 대한 이야기다. 그는 말버릇을 바꾸면서 한화 약 2억 원의 빚을 갚았다. 나는 이 책을 읽고, 머릿속에 한 구절이 강력하게 남았다.

"말버릇으로 인생을 바꿀 수 있다."

누군가는 "에이, 말도 안 돼!"라고 반응할지도 모른다. 하지만 나는 이 책에서 말하는 내용을 흡수하듯이 믿는다.

"아, 짜증난다. 되는 일이 없네!"라고 말하면 계속 안 좋은 일만 생긴다. 하지만 "축복합니다.", "감사합니다.", "사랑합니다."와 같은 말을 하면 안 될 일은 잘되고, 될 일은 더 잘된다. 나는 조금의 의심도 없이 믿는다. 사람들의 인생은 말버릇에 따라 달라진다.

요즘 나는 달라졌다는 말을 많이 듣는다. 예전 같지 않다는 것이다. 예전처럼 욕을 하지 않고 짜증도 내지 않는다. 항상 축복한다는 말을 한다. 감사하다고도 자주 말한다. 꾸준히 사랑한다고도 말한다. 내가 이렇게 말버릇을 바꾸면서 느끼는 것이 있다. 일단 내가 기분이 좋아진다는 점이다. 사회생활을 하면서 안 좋은 일이 생기더라도 금

세 기분을 풀 수 있다. 안 좋은 일이 일어나 욕을 하려다가도 스스로 다독인다. '감사합니다.', '사랑합니다.'라고 되뇌면 신기하게도 차올랐던 분노가 사그라지면서 웃음이 나온다. 나는 나를 바꾸고, 내 삶이 변한 것은 독서가 일상이 되었기 때문임을 확신한다.

책을 읽고 머릿속에 전체 내용이 남지 않아도 좋다. 책의 내용을 모두 기억하고 외우기만 한 것은 죽은 지식을 쌓는 것일 뿐이다. 살아 있는 지식을 쌓아 내 삶을 바꾸는 독서가 진정한 독서다. 책을 읽고 머릿속에 한 구절이라도 남았다면 그건 최고의 독서법이다.

08

서평을 쓰면
독서 습관이 달라진다

> 글을 쓰면서 우리는 더 이상 자신에게 머물 필요가 없고,
> 자신이 창조한 우주에서 움직일 수 있다.
>
> – 귀스타브 플로베르 –

다양한 관점에서 책을 읽어라

서평을 쓰라고 하면 단순히 책의 내용을 요약 정리하는 사람들이 있다. 물론 이런 서평도 좋은 점은 있을 것이다. 하지만 서평이라는 용어를 보면 어떻게 써야 하는지 알 수 있다. 위키피디아에 따르면 '서평이란 독자에게 소개할 목적으로 논평, 감상 등을 쓰는 것'이라고 한다. 독후감과는 차이가 있다. 독후감은 책을 읽고 감상을 쓰는 것이다. 서평은 목적 자체가 독자에게 소개하는 것이다. 그래서 책에 대한 평가가 들어간다. 나는 《퇴근 후 1시간 독서법》을 출간하고 나서 서평을 써야겠다고 생각했다. 그리고 행동했다. 그때부터 나는 단순히 책 읽기에서 끝나는 것이 아니라 서평을 쓴다는 생각으로 읽었다.

나는 첫 책을 계약한 뒤로 책을 읽으면 반드시 서평을 쓰기 시작했다. 서평은 나의 블로그나 〈한국위닝독서연구소〉를 통해 작성했다. 최근에 쓴 서평으로는 야마모토 노리아키 작가의 《아침 1시간 노트》, 무라마츠 다츠오 작가의 《고객의 80%는 비싸도 구매한다!》, 김도사 작가의 《내가 100억 부자가 된 7가지 비밀》 등이 있다.

나는 서평을 쓰면서 독서 습관이 달라지는 것을 느꼈다. 조금 더 입체적인 독서를 할 수 있게 되었다. 서평을 쓰기 전에는 단순히 책을 소화해 나의 삶에 어떻게 적용시킬지, 얻는 것은 무엇인지에 대해서 생각했다. 물론 이런 독서로도 충분히 삶이 바뀌었다. 하지만 서평을 쓰면서부터는 책을 읽을 때 조금 더 입체적인 사고를 하게 되었다. 그뿐만 아니라 나의 생각을 다시 정리하면서 좀 더 발전된 사고를 하게 되었다.

'이 책은 이런 장점이 있구나', '저런 단점이 있구나', '내용을 쉽게 풀어 썼구나', '이러한 독자들에게 도움이 많이 되겠구나' 등 나의 입장이 아닌 다른 사람의 입장에서도 생각하게 된다. 한편으로 비판적인 시각으로도 책을 읽게 된다. 책을 한 번 읽더라도 다양한 관점에서 읽게 되어 제대로 된 독서를 하게 되는 것이다.

서평은 습관이다

회사에서 종종 회의에 참석하지 않은 선배에게 관련 내용을 전달할 때가 있다. 혹은 어떤 컨퍼런스에 참여하기도 하며 설명회나 발표를 듣기도 한다. 최근 대강당에서 어떤 설명회를 듣고 그 내용을 선배에게 전달해야 하는 일이 생겼다. 상당히 중요했던 설명회였기 때문에 나는 노트와 펜을 챙기고, 휴대전화 녹음기로 녹음도 했다. 이후 나는 그 내용을 정리해 선배에게 설명하면서 우리의 업무에 대해 필요한 부분도 발췌해 이야기를 나눴다.

단순히 이해하고 참고하기 위해 듣는 설명회는 내게 필요한 부분만 골라서 듣게 된다. 하지만 강의 내용을 누군가에게 전달하려는 목적으로 듣게 되면 듣는 자세부터 달라진다. 내용에 대한 숙지는 물론, 전체적인 설명회 흐름도 알아야 한다. 더불어 나의 생각도 덧붙여야 한다. 한마디로 좀 더 적극적으로 설명회를 듣게 되는 것이다.

참석한 컨퍼런스나 학회에서의 내용을 다른 사람에게 전달 혹은 발표할 때도 마찬가지다. 단순히 가만히 앉아서 듣기만 하는 것과 그 내용을 바탕으로 제3자에게 소개하는 것은 차이가 크다. 내용을 숙지하는 것은 기본으로, 내가 이해되지 않는 것을 추가적으로 공부하게 된다. 상대방에게서 예상치 못한 질문을 받을 수 있기 때문이다. 공부도 마찬가지다. 혼자 하는 공부보다 더 효과가 좋은 것이 남에게 가르치는 것이다. 남에게 가르치려면 내가 먼저 제대로 공부해야 한다. 그러면 학습효과가 배가 된다.

내가 가장 먼저 서평을 쓴 책은 야마모토 노리아키 작가의 《아침 1시간 노트》다. 나는 책의 내용을 최소한 압축해서 작성했다. 그리고 이 책을 통해서 내 삶의 아침을 어떻게 바꿀 것인지에 대해 적었다. 나와 같은 생각을 가지고 있거나 아침 시간이 중요한 것은 알고 있지만 잘 활용하지 못하는 독자들에게 강력 추천한다고도 적었다. 나에게만 초점을 맞추는 것이 아니라 다른 사람들을 위한 시선으로도 책을 보고 서평을 작성한 것이다.

　서평도 습관이다. 일단 시작해야 뭐라도 된다. 그리고 처음부터 잘 써야겠다는 생각을 내려놓아야 한다. 가끔 서평을 쓰려고 하는데 잘 몰라서 시간을 버리는 사람이 있다. 도대체 어떻게 써야 하는지, 남들은 어떻게 썼는지 확인하기 바쁜 사람도 있다. 이런 특성을 갖고 있는 사람은 바로 과거의 나였다. 서평을 쓰면 또 다른 성장하는 독서를 할 수 있다는 것은 익히 알고 있었다. 그러나 정작 10년 동안 서평을 쓴 적이 없었다.

　'서평은 이렇게 써야 한다'라고 정의하는 사람은 많다. 하지만 그것도 주관적일 뿐, 모든 요소를 다 지키려고 하면 시작도 못한다. 무조건 일단 시작해야 한다. 느낀 점을 쓰든 내용을 요약하든 일단 시작부터 하자. 그다음에 수정할 부분을 반영해 서평을 작성하면 된다. 서평을 잘 쓰기로 유명한 블로거 혹은 인터넷에 올라온 서평 중에 나의 스타일에 맞는 글을 찾아 그것을 참고해 나의 서평을 쓰는 방법도 있다.

서평 쓰기의 중요성

단순히 책을 읽기만 하는 것과 서평 쓰기의 차이점은 이렇게 비교할 수 있다. 공부하는 것과 가르치는 것의 차이, 중요한 설명회를 듣는 것과 누군가에게 전달하고 소개하는 것의 차이, 회의에 참석만 하는 것과 회의에서 발표하는 것의 차이 등…. 듣는 사람에서 말하는 사람으로 위치가 바뀔 때 더 생각하고 고민해야 할 것들이 한두 가지가 아니다. 마찬가지로 읽는 사람에서 쓰는 사람이 되면 생각하고 고민해야 할 것들이 많다. 전체적인 내용 숙지는 기본이고, 책을 좀 더 다양한 관점에서 바라볼 수 있게 된다. 책을 읽고 나서 서평을 써 보자. 어떤 차이가 있는지 직접 느끼면 좀 더 서평 쓰기의 중요성을 알게 될 것이다.

PART 3

몸값 높이는
7가지
독서의 기술

먼저 온라인 서점의 서평과 상세 이미지를 읽어라

남의 의견이나 북 가이드 같은 것에 현혹되지 말라.
– 타치바나 다카시 –

첫 단추를 제대로 끼워야 한다

책 읽기를 이제 막 시작하는 사람들이 있다. 그들이 나에게 자주 묻는 질문은 다음과 같다.

"책 추천해 주세요.", "도대체 어떤 책을 선택해야 하나요?"

책을 잘못 선택해 읽고 있으면 시간 낭비, 돈 낭비다. 책 읽기의 가장 첫 단추는 책을 고르는 것이다. 옷 입을 때도 첫 단추를 잘못 채우면 어떻게 되는가? 다시 풀고 처음부터 잠가야 한다. 중간에 알 아차리면 다행이지만 첫 단추를 잘못 끼우면 끝까지 잘못될 가능성 이 크다.

2007년의 여름, 당시 대학교 1학년이었던 나는 클라리넷을 사기 위해 목돈이 필요했다. 그래서 나는 충남의 한 공사현장에서 일을 했었다. 한창 일을 하고 있는데 친구 L에게서 전화가 왔다. 갑자기 L은 나에게 여름 농촌봉사활동을 가자고 했다. 그것이 무엇이냐고 물어보자, 지방에 가서 농촌 일을 도와주는 것이라고 했다. 나는 흔쾌히 승낙했고 2주간의 공사현장 일을 마무리한 뒤 농촌봉사활동을 갔다.

마을에서는 노래자랑 축제 준비가 한창이었다. 이장님께서 우리들도 참여할 수 있다고 했다. 그래서 나는 친구 L과 함께 참여하기로 했다. 우리는 먼저 무슨 노래를 부를지 고민했다. 그런데 느낌상 발라드 노래는 절대 부르면 안 될 것 같았다. 고민하다가 결국 설운도의 〈사랑의 트위스트〉를 번갈아 부르기로 했다. 드디어 축제가 시작되고, 우리 무대가 되었다. 반주가 나오고 내가 먼저 첫 소절을 불렀다.

"하-악창 시절에, 함께 추었-더언, 잊지 못할 사랑의 트위스트…"

기존의 음보다 거의 1옥타브 이상 높은 음으로 시작했다. L도 나의 음에 맞추어 계속 높은 음으로 노래를 불렀다. 결국 음 이탈이 난무한 노래가 되었다. 우리는 트위스트 춤을 연습하면서 관객의 호응이 좋을 것이라 생각했다. 대상도 받을 수 있을 거라 확신했다. 하지만 첫 단추를 잘못 끼워 거의 웃음거리가 된 장기자랑이 되었다. 결국 엄청난 호응으로 인기상을 받았다. 우리는 보상으로 플라스틱 박스에 가득 담긴 맥주를 받았다. 시골 농촌의 인심을 느끼던 순간이었다. 우리는 두 개의 박스를 받아 숙소로 가서 밤새 마셨다.

지금 나에게 필요한 책을 선택하라

시작이 잘못되면 끝까지 잘못될 확률이 굉장히 높다. L과 함께 불렀던 설운도의 〈사랑의 트위스트〉는 하나의 에피소드로 끝났지만 만약 인생에 영향을 미치는 사건, 사고라면 웃고 넘어갈 수 없다. 때문에 인생에 영향을 미칠 때는 그 시작을 신중하게 해야 하지 않을까?

삶에 영향을 끼치는 책도 마찬가지다. 잘못된 책을 읽으면 먼저 그 책을 위해 지불한 비용이 낭비된다. 그뿐만 아니라 시간도 버리게 되는 것이다. 모든 책은 나름의 가치를 가지고 있다. 하지만 그 가치가 지금 나에게 필요한지는 별도의 문제다. 지금 나에게 필요한 책을 고르는 게 중요하다.

책을 고를 때를 생각해 보자. 대부분의 사람들은 다음과 같은 과정을 거쳐 책을 선택한다.

책의 표지를 본다. 제목을 본다. 제목이 마음에 들면 목차를 본다. 이 과정을 거쳐 마음에 들면 그것을 고른다. 그런데 이렇게 골라도 간혹 나와 맞지 않는 책인 경우가 있다. 여기에 확신을 가질 수 있는 또 다른 방법이 있다. 바로 온라인 서점을 통해 확인할 수 있는 출판사 서평과 표지의 상세 이미지이다.

온라인 서점에서 책을 ᄀᄅ면 출판사 서평이라는 부분이 있다. 출판사의 서평이나 리뷰를 보면 이 책은 어떤 책이고 어떠한 내용을 담고 있는지 한눈에 알 수 있다. 출판사에서 작성한 서평은 책의 내용을 가장 잘 요약해서 정리한 것이다. 그 외에도 상세 이미지는 책 소개가 잘 정리된 카드뉴스이다. 이렇게 책에 대한 개괄적인 내용을 살펴볼 수 있다. 여기서 조심해야 할 것은 추천사나 추천평들이다. 작가와 개인적인 친분에 의해 작성되었을 가능성이 높기 때문이다. 따라서 추천사나 추천평들에 현혹되어 책을 고르는 일은 피하자.

책의 핵심 내용부터 파악하자

최근 회사에서 부서와 어울리는 추천도서를 정리하는 업무를 해야 했다. 시중에 나와 있는 그 많은 책들 중에서 어떤 도서를 고를까 싶었다. 먼저 나는 제목만 보고 괜찮을 것 같은 리스트를 정리했다. 그리고 온라인 서점에 접속해 각각의 책을 검색했다. 각 책마다 출판사의 서평과 상세 이미지를 보고 추려내었다. 그렇게 5개 정도의 책을 골랐다.

고른 책 중에 1순위 책은 바로 한스 로슬링 작가의 《팩트풀니스》였다. 현장에서 직접 상황을 보지 않는 내근직 직원들에게 적합한 책이라고 생각했다. 내근직의 경우 대부분 숫자로 된 보고서를 접하게 된다. 이 책은 숫자가 객관적일 것이라는 확신, 편향을 조심해야 한다고 강조한다. 이미 숫자를 보기 전에 우리의 선입견이 들어가기 때문에 절대량, 규모, 비율 등 모든 측면에서 봐야 한다고 한다. 내근직 회사원에게 적합한 책이었다.

나는 2016년 영어 회화를 잘하기 위해 책을 샀다. 영어도 꾸준한 훈련과 연습이 필요했지만 나는 단어 몇 개만 외우면 영어를 잘할 수 있을 거라는 착각에 빠졌었다. 그리고 책 한 권을 골랐다. 윌리엄 A. 반스의 《영어 스피킹 기적의 영단어 100》이었다. 제목만 보면 정말 단어 100개만 외우면 영어를 잘할 것 같다. 하지만 막상 펼쳐 보니 비즈니스와 관련된 영어 단어들이었다. 당시 나는 외국인과 비즈니스 할 일이 없었다. 그냥 기본적인 영어 회화만 잘하면 되었다. 결국 나는 제목에 속아 잘못된 책을 사게 된 것이다. 뒤늦게 제목에 낚였다며 화내 봐야 소용없다. 제목에 낚인 본인의 책임이 더 크다. 책을 잘못 고르는 것도 안목이 없는 본인의 책임인 것이다.

지금까지 표지, 제목, 목차를 보고 책을 선택했다면, 이제부터는 출판사의 서평과 상세 이미지를 확인해 책의 핵심 내용을 확인하자. 그리고 이 책이 나에게 필요한 책인지를 파악한 후에 적절한 선택을 하자.

02

인문학과 자기계발서
위주로 읽어라

사귀는 친구만큼 읽는 책에도 주의하라.
습관과 성격은 전자만큼이나 후자에게서도 영향을 받을 것이기 때문이다.
— 팩스튼 후드 —

자신에게 맞는 책의 장르를 찾아라

팩스튼 후드의 명언은 성장과 성공에 필요한 요소들이 담겨 있다. 친구, 책, 습관, 성격은 한 개인의 성장과 성공에 큰 영향을 미치는 요소이다. 특히, 책은 언제 어디서든 읽을 수 있다는 점에서 친구보다 습관과 성격에 큰 영향을 미친다.

나의 첫 책《퇴근 후 1시간 독서법》을 출간하고 한 독자에게서 연락이 왔다. 평소 자기계발서는 잘 보지 않는 편이라면서 꼭 자기계발서를 읽어야 하는지 문의를 했다. 나는 그 독자분에게 책 읽는 목적을 물어봤다. 독자는 책을 읽는 목적이 '힐링'이라고 했다. 나는 그렇다면 굳이 자기계발서를 읽을 필요는 없다고 했다. 덧붙여 책은 자신의 목적에 맞게 읽어야 한다고 말했다. 나는 그 독자에게 소설과 에세이 그리고 시를 읽기를 추천했다.

2018년의 나는 주말이면 친한 친구들과 놀기에 바빴다. 친구 Y는 서울대입구역 근처에서 자취를 하고 있었다. 방이 제법 커서 자주 모여서 놀았다. 옥탑방이라 나름 낭만도 있었다. 4층 정도 되는 높이여서 주위의 경치가 모두 보였다. 우리는 그곳에서 고기를 구워 먹기도 했다. 삶의 의미도 목적도 잠시 잊어버렸던 나의 2018년이었다. '인생 뭐 있냐?'라고 생각하며, 그저 인생을 즐겼던 거 같다.

이유는 모르겠지만 갑자기 나는 시인들의 작품을 읽어야겠다고 생각했다. 그리고 알라딘 중고 서점을 방문해 시집을 5권 정도 샀다. 그리고 시집을 읽기 시작했다. 자세히 기억은 나지 않지만 대부분 대단한 작품이었다. 신춘문예 당선작 작품들도 있었다. 평론가들은 어떤 점에서 뛰어나다고 평했다. 그런데 하루, 이틀 읽었을까? 지금 그 시집들은 어디에 있는지도 모르겠다.

시가 나에게는 맞지 않았던 것이다. 주위에 시를 좋아하는 사람들은 문학적 감수성을 얻을 수 있어서 좋아한다고 했다. 그리고 인간에 대해서도 이해할 수 있다고 했다. 하지만 나에게는 맞지 않는 장르였다. 나는 성향 자체가 열정, 성장, 성공을 갈망하는 욕망덩어리다. 언젠가 시를 읽을 날이 오겠지만 지금은 아니다. 그렇게 나의 시 읽기는 일단락되었다.

책은 생각해 보지 않은 것에 대해
사고할 수 있게 한다

나는 지난 6월에 한스 로슬링의 《팩트풀니스》를 읽었다. 이 책을 읽게 된 계기는 김이슬 작가의 《주식투자 이렇게 쉬웠어?》 때문이었다. 이 책을 읽고 나서 직장인이 주식을 하려면 지수투자의 한 종류인 'ETF'가 최고라는 것을 알게 되었다. 개인 투자자들은 개별주에 투자하면 오르락내리락하는 것에 심리적인 불안감을 느끼고 결국 투자에 실패할 확률이 높아진다. 그런데 ETF는 물가와 성장이 플러스(+)이건 마이너스(-)이건 무조건 수익을 낼 수 있는 최고의 투자법이다. 특히 매일 주식 시장을 볼 수 없는 직장인에게는 최고의 투자법이다. 이 투자를 운영하고 있는 김이슬 작가님은 투자 수익률이 무려 17%였다. 투자 수익률을 보니 나도 할 수 있겠다는 생각이 들었다.

나는 확신을 갖고 김이슬 작가님이 운영하는 〈한국주식투자코칭협회〉에 가입했다. 그리고 수강생들의 후기 등 많은 글을 천천히 살펴봤다. 나의 확신이 옳다는 생각을 했다. 그뿐만 아니라 더 굳건한 믿음을 갖게 되었다. 곧이어 나는 김이슬 작가님께 1:1 컨설팅을 받았다. 왜 직장인에게 ETF가 좋은지 자세한 설명을 들을 수 있었고, 수익이 날 수밖에 없는 구조라는 것을 알게 되었다. 그리고 나는 김이슬 작가님이 강의하는 '주식투자 4주 과정'에 등록했다.

그 강의에서 과제 중 하나가 한스 로슬링의 TED 강연을 보고 느낀 점을 카페에 공유하는 것이었다. 한스 로슬링의 강의는 저명한 학자답지 않게 유쾌하고 재밌었다. 그리고 시사하는 바가 정확했다. 나는 그가 어떤 사람인지 궁금했다. 혹시 개인저서가 있는지도 궁금했다. 온라인 서점에서 그의 저서를 검색했다. 그는 베스트셀러《팩트풀니스》의 저자였다.

나는 한 치의 망설임 없이 그 책을 샀다. 그리고 한숨에 몇 꼭지를 발췌독으로 읽었다. 우리는 어떤 사건에 대해서 확신, 편향을 갖고 있지만 숫자로 정확한 팩트를 봐야 한다는 내용이었다. 그리고 숫자에도 편견이 개입할 수 있다고 한다. 그래서 순위, 총량, 비율, 추세 등등 여러 가지의 관점으로 봐야 한다고 한다.

나는 이 책을 통해 편향된 사고는 어떤 종류가 있는지 알게 되었다. 그리고 숫자로 팩트를 보기 위해서 어떤 측면을 봐야 하는지도 알게 되었다. 또한 내가 생각하는 것 자체가 편향된 사고가 될 수 있음을 알게 되었다. 세상을 바라볼 때 단면만 보지 않을 수 있는 힘을 기르게 된 것이다. 인문학은 이렇게 사고의 지평선을 넓혀 준다. 내가 생각해 보지 않은 것에 대해 사고할 수 있는 힘을 갖게 된다.

성공하고 싶다면
인문학과 자기계발서를 읽어라

오리슨 S. 마든의 《부의 비밀》을 읽었다. 이 책을 읽으면서 나의 의식이 점점 더 확장되는 것을 느꼈다. 특히 69페이지에 있는 글귀는 나를 책 속으로 확 잡아당겼다. "노력 이전에 사고가 있고, 목표 실현

앞에 마음의 준비 기간이 있는 것이다. 마음가짐이 바뀐 것만으로 순식간에 상황은 변화를 일으킨다."라는 내용이었다. 나는 그 글귀에 밑줄을 그었다.

그리고 노력 이전에 사고가 있다는 말을 곰곰이 생각했다. 사고를 하지 않으면 노력이 절대 뒤따르지 않는다. 결국 사고가 중요하다는 것을 알게 되었다. 사고를 얼마나 구체적이고 강렬하게 하느냐에 따라 노력의 정도도 달라질 거라고 생각했다. 나는 이러한 자기계발서를 읽으면서 의식을 점점 확장하고 있다. 나의 꿈과 목표에 대해서도 매일 재점검한다. 방안 곳곳에 붙어있는 나의 꿈들을 매일 본다. 지갑에도 나의 꿈 리스트를 가지고 다니면서 수시로 읽는다. 읽는 것만으로도 내 안의 거인이 깨어난 느낌이다.

나는 이상주의자다. 현실주의자가 아니다. 현재 나의 수준에서 내 미래를 속단하지 않는다. 오직 내 꿈과 목표를 바라보며 살아간다. 현재의 나는 과거의 내가 만들어 낸 결과물이다. 그래서 미래의 나는 현재의 내가 어떻게 하느냐에 따라 분명히 달라진다고 확신한다. 지금의 나를 만든 것은 과거의 나였기 때문이다.

이런 확신을 갖게 된 것은 자기계발서 덕분이다. 자기계발서에 나오는 성공한 사람들은 한결같이 당신도 할 수 있다고 한다. 왜냐하면 자신도 해냈으니까. 그들 중에 어렸을 때부터 성공한 삶을 살아온 사람은 아무도 없다. 그들 모두 시작은 작았다. 아니, 형편없는 사람도 많았다. 그러나 매일 꿈을 생각하며 이상주의자로 살아갔다. 그 결과 지금의 우리가 아는 성공한 사람들이 된 것이다. 그들이 했다면 나도 할 수 있다. 나는 매일 성장하고 있고 내가 생각하는 꿈을 모두 이룰 수 있다.

책에는 여러 종류가 있다. 소설, 시, 에세이, 인문학, 자기계발서 등 등 각각의 책에는 추구하고자 하는 바가 있다. 문학적 감수성을 얻고 힐링을 받고 싶다면 소설, 시, 에세이 위주로 읽어도 좋다. 하지만 성장하고 성공하고 싶다면 인문학과 자기계발서 위주로 읽는 것을 추천한다. 인문학은 사람에 대한 학문이다. 사색을 하고 철학적 사고를 할 수 있게 해 준다. 자기계발은 내가 성장할 수 있도록 해 주는 자극제와 같다. 성장과 성공을 열망한다면 인문학과 자기계발서 위주로 읽어라.

03

데드라인이 있는
독서를 하라

짧은 인생은 시간의 낭비에 의해 더욱 짧아진다.
— S. 존슨 —

데드라인을 정하라

주위에 보면 하루를 48시간처럼 살아가는 사람들이 있다. 내 주위에는 신상희 대표가 그렇다. 그녀를 표현하는 단어는 너무나도 많다. 〈한국SNS마케팅협회〉의 대표이기도 하지만 작가, 유튜버, 블로거, 강연가, 컨설턴트, 마케팅 전문가 등등 여러 개의 직함을 가지고 있다. 누군가는 혼자라서 가능한 거라고 생각할 수도 있다. 하지만 그녀는 아이 둘을 키우는 엄마다. 보통 사람이라면 한 가지도 제대로 하기 힘든 것들을 해내고 있다. 이쯤에서 그녀의 연봉을 궁금해하는 사람이 있을 것이다. 그녀의 연봉은 거의 2억 원에 가깝다.

신상희 대표의 핵심 역량은 바로 시간관리 능력이다. 그녀가 직접 운영하는 유튜브 채널 〈마케팅여왕TV〉에 시관관리 방법에 관한 영상이 올라와 있다. 나는 시간관리에 관련된 영상을 꼭 챙겨 본다. 신상희 대표의 시간관리 노하우는 여러 가지다. 우선순위 정하기, 틈새 시간 활용하기 등. 이 중에 내가 생각하는 핵심은 시간을 정해 놓고 무엇인가를 하는 것이라고 생각한다. 그러기 위해 신상희 대표는 초 단위로 하루 동안 무엇을 했는지 기록한 적도 있다고 한다. 나는 분 단위까지 시간관리를 했어도 초 단위는 상상도 못했다. 배워야 할 점이다.

매일 나는 6시쯤 일어나 몇 가지 주요 의식을 치른다. 그 의식이란 것은 다음과 같다.

네이버 카페에 감사일기를 쓴다. 전날 일을 떠올리며 사소한 감사 거리들을 적는다. 사소할수록 좋다. 소소한 감사로 마음이 풍요로워진다.

그리고 내 미래에 대해 확신을 10번 쓴다. 주로 나는 매일 성장한다는 글을 쓴다. 성장한다는 글을 쓰면 왠지 모르게 기운이 난다. 그리고 내 꿈을 적어 놓은 종이를 본다. 씻고 옷을 입으면 6시 30분이 된다. 그렇게 출근 전까지 책을 읽는다. 아무리 재밌는 부분을 읽고 있다고 해도 무조건 마무리한다. 그리고 출근을 한다.

독서도 이렇게 시간을 정해 놓고 읽어야 한다. 주구장창 책만 읽을 수는 없는 노릇이다. 시간을 정해 놓고 책을 읽어야 다른 일들도 할 수 있다. 독서가 생업인 사람은 없다. 그래서 시간을 정해 놓고 읽어야 한다. 시간을 정해 놓고 독서를 함으로써 다른 일들을 더욱 효과적으로 할 수 있다. 시간을 정하지 않고 독서를 하면 어떻게 될까? 한 권을 다 읽을 목표로 책을 읽는다면? 늘어지게 읽게 될 것이다. 그리고 다른 일들은 못하게 된다. 물론 속독법을 읽혀서 읽어도 되지만 쉽지 않다.

대한민국의 모든 사람은 시간이 없다. 다들 시간에 쫓기며 살아간다. 시간에 쫓기지 않으려면 내가 시간을 지배해야 한다. 그것이 바로 데드라인을 정해서 일을 하는 것이다. 나는 직장인이라 데드라인을 정해서 아침에 책 읽는 것을 선호한다. 왜냐하면 직장인은 출근해야 하기 때문이다. 우리 회사는 자율 출퇴근제로 출근 시간이 정해져 있지는 않다. 그래도 오피스 근무자로서 대부분의 사람들이 일하기 시작하는 시간에 출근하는 것이 좋다. 그래야 서로 협업하기도 수월하다. 그래서 8~9시 정도에 출근하면 전혀 문제가 없다.

능동적으로 시간관리를 하라

출근해서 오전 근무를 하면 어느새 시간은 12시에 가까워져 있다. 사무실 불이 꺼지면 점심시간이 되었다는 것을 인지했다. 그때 여기저기서 이런 말들이 나왔다.

"아, 뭐야! 벌써 점심시간이야? 뭘 했다고 벌써 점심시간이지?"

나 역시 같은 말을 내뱉었다. 점심을 먹고 와서도 이런 말들이 나왔다.

"아, 벌써 점심시간 끝났네."

그리고 오후 업무를 시작했다. 17시쯤 되면 또 한숨 소리가 들려왔다.

"후, 벌써 오후가 다 지나갔네."

앞의 상황은 시간 가는 줄 모르고 일했기 때문에 일어난 경우이다. 시간 가는 줄 모르는 이유는 바로 내가 시간관리를 하지 않았기 때문이다. 물론 일의 양이 너무 많기 때문일 수도 있다. 이는 절대적으로 시간이 부족한 경우다. 하지만 그렇다고 할지라도 우선순위를 정하고 해야 할 일에 대해 데드라인을 정하면 상황은 달라진다. 내가 시간관리를 하면서 일의 정도를 조절하면, 이전과 같이 늦게 끝나더라도 시간과 일에 먹살 잡히는 것과 내가 능동적으로 진행하는 것은 확연히 차이가 있다. 능동적으로 진행하면 보다 효율적으로 일하는 방법을 터득하기도 한다.

독서 시간을 효율적으로 확보하라

나는 퇴근 후에도 30분 동안 책 읽는 습관을 들였다. 보통 퇴근하고 집에 오면 저녁 8~9시 정도 된다. 이후에는 블로그나 네이버 카페 〈한국위닝독서연구소〉에 글을 쓴다. 또는 유튜브 채널 〈찡교TV〉에 책 읽어 주는 직장인 콘셉트로 영상을 업로드하기도 한다.

퇴근하고 나면 독서 이외에 해야 할 것들이 많다. 그래서 나는 데드라인이 있는 독서를 하며 여러 가지의 일을 할 수 있게 되었다. 독서를 하는 것도 중요하지만 너무 독서에 치우쳐서 다른 해야 할 것을 미루면 그것도 문제다. 따라서 독서하는 시간을 정해 놓아야 효율적으로 시간을 관리하며 집중해서 읽을 수 있다.

독서로 긍정적인 삶을 지향하기 위해서는 데드라인을 지켜야 한다. 1시간이든, 30분이든 시간을 정해 놓고 책을 읽어 보길 권한다. 의식은 있지만 행동으로 이어지기까지 어려움을 겪는다면 주저하지 말고 010.2682.7203으로 문자 메시지를 보내 보자. 일상에 독서가 더해져 효율적인 삶을 주도해 나가도록 도움을 줄 것이다.

30분 읽고
10분 사색하라

사색은 지혜를 낳는다.
– 관자 –

깊이 생각하려면 질문을 하라

우리는 수업이나 강의를 들으면 다음과 같이 마무리되는 것을 자주 접하게 된다.

"수업 끝낼게요. 질문 있는 사람 없죠? 시간 다 되었는데 지금 질문하면 역적 되잖아요."

"질문 있으신가요? 네, 강의는 이것으로 마치겠습니다."

학창 시절에 수업 중 질문하면 정말 역적이 되었다. 주위에 모든 친구들이 질문한 사람을 쳐다봤다. 심지어 깊은 한숨을 내쉬기도 하고 눈치도 없냐며 질타하는 사람도 있었다. 주위의 시선에 의해 우리는 학창 시절부터 질문을 잘 하지 못했다.

사색이 중요하다고 하지만 우리는 막상 사색을 잘할 줄 모른다. 누구한테 배운 적도, 알려 주는 사람도 없었다. 하지만 사색이란 별 다른 것이 아니다. 질문으로부터 시작되는 것이다. 네이버 어학사전에 따르면 사색은 '어떤 것에 대하여 깊이 생각하고 이치를 따짐'이라고 한다. 따라서 깊이 생각하려면 질문을 해야 한다.

'그 단어, 문장, 문단의 의미는 무엇인지?', '말하고자 하는 바는 무엇인지?', '내 삶의 적용을 할 수 있는지?', '아니, 애초에 이런 것이 의미가 있을까, 없을까?' 등등 다양하다. 이렇게 질문을 통한 사색을 해야 성장하는 것이다.

사색 없이 책을 읽는 것은
그저 글자 읽기에 불과하다

나는 항상 가방에 두 권의 책을 가지고 다닌다. 한 권은 네빌 고다드가 쓴 책이다. 다른 한 권은 그때마다 읽고 싶은 인문학이나 자기계발서를 가지고 다닌다. 요즘 나는 네빌 고다드의 책에 빠져 있다. 마치 어릴 시절에 장난감을 가지고 노는 것처럼 재밌다. 이 원고를 쓰기 3일 전, 한창 네빌 고다드의 《상상의 힘》을 읽고 있었다. 언제나 그렇듯 한 손에 펜을 쥐고 읽었는데, 내 눈에 확 들어온 문장이 있었다.

"자신의 소망이 이루어진 느낌에 상상력을 집중할 때, 결말을 생각하는 것에서 결말의 관점에서 생각하는 것으로 바꿀 수 있습니다."

나는 머리를 갸우뚱했다. 도대체 '결말을 생각하는 것'과 '결말의 관점에서 생각하는 것'이 무슨 차이인지 잘 이해가 되지 않았다. 그래서 나는 몇 번 더 사색을 했다. '결말을 생각하는 것은 무슨 의미지? 또 결말의 관점에서 생각하는 것은 무슨 의미지? 그냥 생각해 보면 둘 다 같은 의미 같은데…'라고 생각했다. 나는 이 두 부분을 큰 동그라미로 그렸다. 그리고 3개의 별표를 쳤다. 직감적으로 엄청나게 중요한 문장이라고 생각되었지만 잘 이해되지는 않아서 모서리 아랫부분을 접었다. 나는 이해가 되지만 다시 생각할 필요가 있는 부분은 모서리 윗부분을 접는다. 이해가 되지 않는 부분은 모서리 아랫부분을 접는다.

다음날 나는 그 부분에 대해 다시 사색을 했다. 결말을 생각하는 것 그리고 결말의 관점에서 생각하는 것의 차이가 여전히 이해되지 않았다. '관점이 무엇이지? 관점은 입장에서 생각하는 것인데, 결말의 입장에서 생각한다라…'라고 생각하며 또 사색을 멈췄다. 그리고 3일 차 되던 날, 갑자기 불현듯 무슨 의미인지 떠올랐다.

나는 3일간 고민하던 문장의 의미를 깨닫게 되어 너무 신났다. 결말은 내가 원하는 것의 상태를 의미한다. 나의 소망이 이루어진 상태라고 할 수 있다. 결말을 생각하는 것과 결말의 관점에서 생각하는 것의 차이는 바로 소망에 대한 나의 의식 상태 차이에 있었다. 결말을 생각하는 것은 결말을 바라본다는 의미다. 결말을 생각하지만 무의식에서는 아직 내가 원하는 것을 이루지 않은 상태에 있다. 결말의 관점은 이미 내가 원하는 것을 이룬 상태에서 시작하는 것이다. 무의식도 이미 내가 원하는 것을 이룬 상태에 있다.

기도로 예를 들자면 이렇다. '베스트셀러 작가가 되고 싶다'라고 결말을 생각하는 것이 아니라 '베스트셀러 작가가 되어서 감사합니다! 고맙습니다! 이미 이루어졌습니다'라고 기도하는 것이다. 곰곰이 생각해 보면 첫 책을 쓸 때도 나는 베스트셀러 작가가 되었다는 상상을 하며 썼다. 단 한순간도 의심한 적이 없었다. 그 결과 예약판매 3일 만에 YES24, 교보문고에서 종합 베스트셀러가 되는 영광을 맛보았다. 사색을 하며 책을 읽으면 깨달음을 얻는다. 하지만 사색 없이 책을 읽는다면 교과서를 읽는 것과 별반 차이가 없다. 그저 글자를 따라 읽게 되는 것이다.

사색은 질문에서 시작한다

나는 무라마츠 다츠오 작가의 《고객의 80%는 비싸도 구매한다!》를 읽으면서 육성으로 감탄했다. 정말 내가 모르는 세상을 맛본 느낌이었다. 책의 내용을 요약하자면 객단가를 높여서 파는 것이 중요하다는 것이었다. 고객의 수를 늘려서 매출을 늘리는 전략보다 고객이 적더라도 그 고객 한 명의 매출을 높이는 전략이 중요하다는 것이다. 그리고 이를 위한 여러 가지 방법들을 소개한다. 하나하나 주옥같은 방법들이었다. 나는 밑줄도 치고 메모도 하며 읽었다. 하지만 정작 중요한 사색을 하지 않았다.

책을 읽으면서 '아하, 그렇구나!' 하는 태도로 읽은 것이다. 사색을 통해 나에게 적용시킬 방법을 고민했어야 했다. 혹은 나는 앞으로 나의 객단가를 어떻게 올릴 것인지 고민했어야 했다. 구체적인 방법에 대해 스스로에게 질문을 던져야 했고 질문에 대해 답을 찾아야 했다. 하지만 그저 책을 따라가며 읽기에 급급했다.

책을 읽고 성장을 하기 위해서는 사색이 필수다. 아무리 밑줄을 긋고 형광펜을 사용해도 소용없다. 심지어 메모를 하면서 생각을 정리해도 한계가 있다. 질문을 통한 사색 없이 책을 읽어도 진정한 가치를 얻기 어렵다. 기껏 시간을 투자해서 책을 읽었다면 그 책의 의미를 극대화해야 하지 않을까? 인문학이든 자기계발서든 책을 읽고 반드시 사색하는 시간이 필요하다. 사색 없는 책 읽기는 저자가 생각하는 것 이상으로 생각할 수 없다. 다시 말해 저자의 수준을 따라가기에 급급한 책 읽기다.

우리는 책을 읽고 뛰어넘어야 한다. 그래야 진정한 성장이 있다. 그러려면 어떻게 해야 할까? 바로 사색을 해야 한다. 사색은 질문을 통해 가능하다. 저자에게, 책에게 끊임없이 질문해야 한다. 나 스스로에게도 계속해서 질문해야 한다. 사색은 질문에서 시작된다.

책을 읽고 사색을 한 적이 있는가? 책을 읽고 성장을 하기 위해서는 저자에게 질문을 해야 하고, 스스로에게도 질문해야 한다. 그렇게 질문을 통해서 사색을 할 수 있다. 사색이라고 해서 어려울 것이 없다. 그저 질문하자. 30분 정도 책을 읽었으면 10분 정도는 질문을 통한 사색을 해 보자. 여태까지의 책 읽기와는 확연히 다른 수준의 책 읽기를 맛볼 수 있을 것이다.

05

3번 반복해서
읽어라

뛰어남은 훈련과 반복을 통해 얻어지는 예술이다.
사람들은 반복해서 행하는 것의 결정체다. 따라서 뛰어남은 습관이다.
– 아리스토텔레스 –

반복의 중요성

요즘 우리 사회는 첫 술에 배 부르려 하는 사람들이 많다. 보통 사람들은 단기간에 효과를 봐야 직성이 풀린다. 위험을 보지 않고 투자대비 최대 이익을 얻는 것에만 관심있는 것이다. 하지만 이리 재보고 저리 재보다가 시간만 버리는 게 다반사인 게 사실이다. 지금 이 순간에도 누군가는 완벽하지 않지만 실행하고, 실천하고 있다는 것을 명심하자. 그들은 여러 시행착오를 겪으며 매 순간 보완하면서 성장해 나간다.

요즘 사회가 빠르게 변해서 그런 것일까? 단 한 번에 성공을 부르짖는 사람들이 많아지고 있다. 그러니 조금만 위험이 있어도 피해

가기만 한다. 과연 세상에 단 한 번에 성공하는 사람이 얼마나 될까? 큰 성공일수록 무수한 도전과 실천이 필요하다. 인터넷에서 영화를 다운받을 때, 용량이 큰 만큼 시간이 더 걸리지 않는가? 이와 같은 이치다. 하지만 대부분의 사람들은 큰 성공을 바라면서도 두 번, 세 번 그 이상을 반복하지 않는다. 한 번 시도하고 실패하면 온갖 이유를 대면서 상황을 불평하기만 한다. 반복의 힘이 얼마나 중요한지 머리로만 알고 있는 것이다.

독서를 반복해야 의식이 성장한다

나는 반복을 통해 무엇이든 이루어낼 수 있다는 것을 알고 있다. 대학 시절부터 소소한 경험들을 통해 체득했다. 2007년 나는 '신포니에타'라는 동아리에 가입했다. 이 동아리는 오케스트라 동아리다. 일반 동아리와는 다르게 친목도모가 목적이 아니다. 제대로 된 악기 연주가 목적이다. 그래서 동아리 가입도 아무나 못한다. 오디션을 통과해야 한다. 의지도 중요하지만 악보를 보고 바로 연주할 수 없으면 가입이 불가능하다.

나는 클라리넷을 연주할 줄 안다. 클라리넷이라고 하면 잘 모르는 분들이 많다. 검은색 긴 목관악기인 클라리넷은 애니메이션 〈스폰지밥〉에서 징징이가 연주하는 악기다. 이렇게 설명해도 보통 사람들은 클라리넷과 플루트를 헷갈려 한다. 더 쉽게 설명하면 플루트는 옆으로 부는 악기다. 클라리넷은 앞으로 부는 악기다.

나는 고등학교 3년 동안 꾸준히 클라리넷을 연주했다. 그런데도 동아리 내에서의 내 실력은 상대적으로 부족했다. 그 동아리에는 초등학교 때부터 연주를 해 왔던 사람도 많았다. 심지어 고등학교 때는 시향 악단에서 연주를 하던 사람도 많았다. 실력으로만 따지자면 나는 최하위권이었다.

당시 나는 한 곡이라도 무대에 서기 위해 반복해 연습했다. 브람스의 〈대학축전 서곡〉에서 클라리넷 연주를 맡았다. 곡이 빠르기도 했지만 내가 도저히 연주할 수 없는 부분이 있었다. 주위에서 이 부분을 연주하지 못하면 정기연주회에 못 나간다고 말했다. 그래서 나는 5일 동안 집중적으로 연습했다. 동아리에서는 정기연주회 2, 3주 전에 5일 동안 '뮤직캠프'라는 합숙을 했다. 집중적인 연습을 하기 위해서다. 나는 합숙하면서 아침부터 저녁까지 무던히도 연습했다. 결국 연주를 해내어 정기연주 무대에 설 수 있게 되었다. 수많은 선배들이 가장 성장한 단원으로 나를 뽑았다. 그렇게 나는 연주회가 끝나고 뒤풀이에서 큰 박수를 받게 되었다.

나는 반복 연습을 통해 성장을 한 것이다. 악기를 연주함에 있어서도 반복은 중요하다. 이때의 경험으로 나는 반복의 중요성을 알게되었다. 이와 관련해 책을 두 번, 세 번 반복해서 읽으면 어떻게 될까? 책을 한 번 읽은 것과는 또 다른 싱징이 있다. 악기 연주와 같은 예술도 반복을 통해 실력이 향상된다. 독서를 반복하면 의식이 성장한다. 독서는 우리의 의식에 영향을 미치기 때문이다. 이제는 책을 한 번 읽고 서평을 쓰고 사색하고 끝내는 것이 아니라 한 발자국 더 나아가야 한다. 바로 반복해서 읽는 것이다!

'3'은 최소한의 숫자다

나는 고야마 노보루의 《사장의 말공부》를 딱 한 번 읽었다. 작가는 600개의 기업을 살려 낸 일본 최고의 사업가다. 어떻게 중소기업을 경영해야 하는지 실제 사례를 바탕으로 저자의 생각을 담았다. 중소기업을 경영하는 것과 마찬가지로 우리도 우리 자신을 경영하는 사장이다. 내 삶의 사장인 것이다. 이 책을 읽으며 나는 밑줄을 치고 중요한 부분은 모서리를 접어 표시도 해 두었다. 자기경영을 하는 방법에 대해서도 생각을 정리해 책의 여백에 적어 놓기도 했다. 나의 삶에 어떻게 적용할지 사색도 했다. 내가 가장 감명 깊게 읽은 부분은 68~69페이지다.

작가는 모방은 최고의 창조이자 전략이라고 한다. 특히 중소기업에서 0에서 1을 만들어 내는 것은 어렵다고 했다. 차라리 완성된 1을 흉내내어 성장하는 것이 빠른 길이라고…. 혼자서 성과를 내지 못하는 것보다 다른 사람에게 물어 가며 성과를 내는 것이 낫다고 했다. 나는 이 부분에 매우 공감했다. 내 머릿속에서 나온 생각으로는 한계가 있다. 다른 것들을 모방하며 재결합해야 한다. 융합해야 한다. 그렇게 배우고 적용하고 꾸준히 하다 보면 어느새 내가 원조가 되어 있다고 한다.

깊은 깨달음이 있었지만 책을 읽고 의식의 성장을 맛보지는 못했다. 제대로 된 독서를 위해 질문을 통한 사색은 필수다. 그리고 의식의 확장을 위해서는 세 번 반복해서 읽는 것이 중요하다.

처음 읽을 때는 단순히 저자의 생각을 따라간다. 두 번 읽을 때는 생각에 생각을 붙이며 다른 시각에서 읽게 된다. 세 번 읽으면 의식의 성장을 느낄 수 있게 된다. 이렇게 다각도에서 책을 읽으면서 성장하게 되는 것이다. 의식이 성장하기 위해서 세 번 반복해서 읽는 것은 중요하다. 세 번은 최소한의 경우다. 한 번만 읽은 책과 세 번 반복해서 읽은 책에서 얻게 되는 의식의 확장은 차원이 다르다.

세 번 반복해서 책 읽기

내가 세 번 반복해서 읽은 책이 있다. 바로 라이너 지델만의 《무엇이 당신을 부자로 만드는가》라는 책이다. 이 책은 제목만 보면 부자가 되는 기술적인 방법을 이야기하는 것 같다. 하지만 부자들의 공통점에 대해 이야기하고 있다. 나는 전 세계 성공한 사람들의 이야기가 담겨 있는 이 책을 세 번 반복해서 읽었다. 확실히 한 번 읽을 때와는 달랐다.

그들을 부자로 만든 것은 결국 꿈이었다. 그들 모두 자신이 이루고자 하는 것에 대한 확고한 믿음, 흔들림 없는 확신이 있었다. 이 책을 통해서 결국 성공으로 이르는 길은 의식이라는 것을 알게 되었다. 꿈에 대한 의식이 여러 가지를 가능하게 했다. 확고한 의식이 더 큰 목표를 향하게 한다.

꿈이 확실하면 어떤 저항에도 흔들리지 않고 묵묵히 꿈을 향해 걸어갈 수 있다. 저항에는 두 가지 종류가 있다. 하나는 나로부터 오는 저항, 다른 하나는 외부로부터 오는 저항이다. 내면의 저항은 현실을 보기 때문에 발생한다. 현실만 보면 세상에 대해 불평하고 불만을 갖게 된다. 현실에 갇혀 있으니 꿈을 생각할 겨를이 없다. 오로지 꿈을 향해 나아갈 때 현실은 꿈에 투영된 결과물에 불과하다는 것을 알게 된다. 외부의 저항은 주로 주위 사람들로부터 받는다. 꿈에 대한 믿음이 없으니 주위 사람들의 말에 쉽게 휘둘린다. 결국 내외적 저항에 의해 꿈을 잊어버리고 현실과 타협하게 된다.

악기를 연주할 때도 꾸준한 반복 연습이 필요하다. 반복을 통해 완벽한 연주를 할 수 있게 된다. 책을 반복해서 읽으면 어떻게 될까? 악기 연습을 반복하면 악기 연주를 잘하게 되듯 책을 반복해서 읽으면 책을 잘 읽을 수 있게 된다. 물리적으로 책을 빠르게 읽을 수 있다는 의미가 아니다. 책이 주는 최고의 선물인 의식 성장을 경험하게 된다는 것이다. 의식이 성장하지 않고서는 그 어떤 것들도 해낼 수 없다. 반대로 의식이 성장하면 어떤 것들도 해낼 수 있다. 이제 책을 세번 반복해서 읽어 보길 바란다.

06

핵심을 담은
한 문장을 찾아라

책을 가볍게 생각해서는 안 된다.
지금까지의 세계 전체가 결국은 책으로 지배되어 왔기 때문이다.

— 볼테르 —

핵심을 파악해야
본직적인 문제를 해결할 수 있다

"알겠고!"

"모르겠고!"

"됐고!"

지금은 퇴사한 분이 나에게 자주 했던 말이다. 예전에 내가 그에게 무엇을 보고하면 이렇게 세 가지 종류로 대답했다. 이 말인즉, "그래서 결론이 뭔데? 네가 말하고자 하는 핵심이 뭔데?"라는 의미다. '알겠고', '모르겠고', '됐고' 이 세 가지 말은 모두 다 다르지만 그 의미는 하나같이 같다.

회사에서 상사에게 보고할 때도 결국 핵심 내용이 무엇인지가 중요하다. 이야기를 구구절절 많이 한다고 일을 잘하는 것이 아니다. 상사는 나의 이야기를 처음부터 끝까지 들어줄 시간이 없다. 보고를 잘한다는 것은 핵심을 잘 전달하는 것과도 같다. 겉도는 이야기가 아닌 문제의 핵심을 이야기해야 한다. 그래야 본질적인 문제를 해결할 수 있다. 책을 읽다 보면 결국 저자가 하고자 하는 핵심이 담겨 있는 한 줄이 있다.

완벽한 계획보다 실천이 중요하다

얼마 전 나는 리처드 브랜슨의 《내가 상상하면 현실이 된다》를 읽었다. 미국에 스티브 잡스가 있다면, 영국에는 리처드 브랜슨이 있다고 한다. 사실 그 전까지 나는 한 번도 그의 이름을 들어본 적이 없었다. 하지만 책을 읽어 보니 엄청나게 대단한 사람이라는 것을 알게 되었다. 그는 난독증이었다. 그리고 고교 중퇴자였다. 고교를 중퇴하고 잡지사를 시작한 그는 지금 영국에서 자산 순위 5위 안에 드는 억만장자이자 버진그룹의 회장이다.

나는 이 책에서 그가 말하고자 하는 바는 다음과 같다고 생각한다.

'상상한 것을 이루기 위해 도전하라!', '완벽하지 않아도 되니까 일단 실천하라!', '실천하면서 행동 계획들을 수정하라!'

그가 했던 사업들을 보면 하나같이 완벽한 준비로 시작한 사업이 없었다. 일단 상상한 것을 실천했다. 그가 살았던 삶이 정말 나의 성향과 비슷하다고 생각했다.

나 역시 철저한 계획을 바탕으로 행동하지는 않는다. 일단 된다고 생각하면 실행한다. 그리고 진행하면서 부족한 부분을 보완해 나가는 스타일이다. 비록 나는 대기업이라는 시스템 안의 구성원이라 큰 도전을 하지는 못한다. 대기업은 기본적으로 보수적인 집단이다. 그래서 리처드 브랜슨과 같은 사업을 일개 사원이 할 수는 없다. 그래서일까? 그런 그가 너무 대단해 보였다. 당장 내가 회사를 뛰쳐나가 사업을 할 수 없다는 것을 잘 안다. 그래서 나는 지금의 내 상태에서 내가 할 수 있는 것들을 도전하고 있다.

나는 문과 출신도 아닌 자연대 출신이다. 대한민국의 평범한 직장인에 불과한 내가 작가가 되었다. 나는 나의 문장력이 좋지 않다고 머무르지 않았다. 일단 도전했다. 그리고 또 새로운 도전을 꿈꾼다. 경제를 전혀 모르지만 조금씩 주식투자도 하고 있다. 나는 잠자면서도 돈을 버는 시스템을 만들 것이다. 그러기 위해 주식투자는 필수다. 그뿐만 아니라 대한민국에서 투자하면 부동산을 빼놓을 수 없다. 부동산을 통해 나의 수입 파이프라인을 늘릴 것이다. 언뜻 보기에 다들 미친놈이라고 할 수 있다. 실제로 가족들과 제일 친한 친구들은 부정적인 말도 했다. 하지만 난 확신이 있다.

나는 이렇게 나의 도전들을 책에 적는다. 책에 적기만 해도 이루어진다. 책에는 그런 힘이 있다. 나는 되는 방법만 찾아서 결국 해낸다. 1년, 3년, 5년 뒤에 나의 자산이 얼마만큼 늘어나는지 내 책을 통해 증명하겠다. 완벽한 계획을 짜야만 실천하는 사람은 평생 생각만 하다가 기회를 놓치고 만다. 고민할 시간에 소액이라도 투자를 해야 한다. 그리고 감을 익혀야 한다. 투자에 있어서는 실천보다 좋은 선생님은 없다고 한다. 나는 실천으로 나의 꿈들을 이루어갈 것이다.

핵심 문장을 뽑아내는 능력을 길러라

나는 나의 스승이자 멘토인 김태광 대표 코치님이 김도사라는 필명으로 출간하신 《내가 100억 부자가 된 7가지 비밀》을 읽었다. 이 책은 김태광 대표 코치님의 자서전이라고 할 수 있다. 어떻게 해서 100억 부자가 되었는지 그 7가지 비밀을 모두 알려 준다. 나는 이 책을 하루 만에 읽었다. 평소 나는 웬만한 자기계발서는 발췌독으로 읽는다. 하지만 이런 책은 완독을 해야 직성이 풀린다. 완독을 통해 책의 핵심을 한 문장으로 생각해 봤다.

내가 생각한 핵심은 꿈을 꾸고 종이에 적어서 구체화해야 한다는 것이다. 매 순간 대표 코치님은 꿈을 종이에 적었다. 그리고 그 종이를 항상 가지고 다녔다. 하루에 수백 번도 더 봤다고 했다. 그 꿈을 지면에 다 적을 수는 없지만 대표 코치님이 적은 꿈 목록은 현재 모두 다 이루어졌다. 심지어 배우자까지 구체적으로 어떤 사람을 만나고 싶은지 적었다고 했다. 인생에서 이루고 싶은 모든 것을 종이에 적었다.

나 역시 《보물지도17》에 나의 꿈 5가지를 적었다. 당시 꿈은 구체적이지는 않았다. 언제까지 얼마만큼을 원하는지 구체적인 숫자로 표현하지 않았다. 하지만 이 책을 읽고 나는 나의 꿈들을 다시 한 번 더 구체적으로 적었다. 언제까지 이루겠다는 기한도 적었다. 그뿐만 아니라 두루뭉술했던 꿈들을 명확한 숫자로 적었다. 일단 하나만 말하자면 '나는 2020년에 서울대, 삼성전자, 독서라는 3가지를 통해 나 자신을 브랜딩할 것'이다.

회사에서 보고할 때도 핵심 내용이 중요하다. 지인들과 이야기할 때도 결국 내가 하고자 하는 말이 무엇인지가 중요하다. 이는 독서에도 동일하게 적용된다. 책의 내용 전체를 흡수하기는 상당히 어렵다. 결국 한 권의 책을 읽고 말하고자 하는 핵심 문장을 정리하는 능력이 중요한 것이다.

07

글을 쓰기 위해 읽는다는 생각으로 읽어라

읽는 것만큼 쓰는 것을 통해서도 많이 배운다.

— 액톤 경 —

체계적인 국어 교육의 부재

대한민국의 대부분의 초등학교에서는 일기 쓰기를 숙제로 내준다. 특히 방학 때 매일 일기를 써야 한다는 과제를 받는다. 초등학교 시절을 돌이켜 보면 의무감으로 일기를 썼다. 당시 나는 '일기는 어떻게 써야 한다'는 교육을 받은 기억이 없다. 내가 선생님들께 들었던 말들은 주로 이런 것들이었다.

"맞춤법에 맞춰서 일기를 쓰세요."

"하루에 하나씩 꼭 쓰세요."

물론 맞춤법에 맞춰서 쓰는 것은 중요한 요소 중 하나이다. 하지만 맞춤법은 글쓰기에 있어서 여러 가지 중요한 것 중의 일부분이다.

'누군가가 일기 쓰기도 나의 경험과 생각을 써야 한다고 알려 줬다면 어땠을까?' 하는 생각을 잠시 해 본다. 아마 더 재밌게 글쓰기를 하지 않았을까?

아무리 좋은 것들도 의무감으로 해야 한다면 좋다가도 싫어진다. 맞춤법에 맞게 쓰는 것을 초점에 맞추어 매일 써야 하는 일기는 그저 숙제에 불과했다. 보통 방학이 거의 끝나갈 즈음에 몰아서 다 썼다. 그렇게 쓰다 보니 공장에서 물품을 찍어 내듯이 썼다. 일정한 형식의 틀을 갖추고 썼다. 나의 생각이나 경험을 썼던 경험은 없다. 처음은 날씨에 대해 썼다. 그리고 밥을 먹은 이야기 혹은 친구들과 놀았던 이야기를 썼다. 마지막은 항상 '좋았다'라고 끝났다.

'오늘은 비가 왔다. 집에서 놀았다. 게임을 했다. 라면을 먹었다. 오늘도 재밌게 보냈다.'

거의 이런 식으로 일기를 썼다. 그리고 숙제를 해서 제출하면 선생님들께서는 내용보다는 했는지 안 했는지로 평가해 도장을 찍어 줬다. 그 시절 도장의 문구는 '참 잘했어요'였다. 그 시절 선생님들은 맞춤법을 고쳐 주고 일기를 매일 썼는지만 봤다. 그렇게 나는 '참 잘한 초등학생'이 되었다. 정작 잘해야 될 것을 알려 주는 선생님은 없었다.

책의 여백을 활용하라

2017년 4월부터 2019년 3월까지 나는 여러 권의 책을 읽으면서 나의 가슴을 울리는 명언이 나오면 블로그에 옮겨 적었다. 나는 나 스스로 글쓰기에 서툴다고 생각했다. 스스로를 그렇게 규정한 나는 성인이 되어서도 여전히 어떻게 써야 할지 몰랐다. 글쓰기가 중요하다고는 여러 군데서 들었지만 막상 시도하지는 않았다. 명언을 읽고 들었던 생각이 있었지만 글을 쓸 생각은 해 보지 않았다. 더 정확히 말하자면 나는 글을 절대 쓰지 못할 거라고 생각했다. 책을 읽고는 그저 '명언'만 기록했다.

사람은 생각하고 행동하는 존재다. 생각만 하는 사람은 없다. 또한 생각 없이 행동만 하는 사람도 없다. 누구든 생각을 한다. 어떤 경험을 하면 그 경험에 대한 생각이 떠오른다. 어떤 글을 읽어도 마찬가지다. 글을 읽고 떠오르는 생각이 있다. 그런데 생각만 해서는 정리하기 어렵다. 생각이란 공중에 떠다니는 에너지 같은 존재다. 생각을 글로 적을 때 정리할 수 있다. 글을 적는 행위 자체가 이미 생각을 정리하는 것이다. 글을 적는 데 두려움을 느낄 필요가 없다. 엉성해도 글을 쓰면서 혼잡했던 생각을 정리할 수 있다.

과거의 나는 왜 글쓰기를 두려워했을까? 앞에서 말한 대로 나에게는 막연한 두려움이 있었다. 글을 쓰는 것은 다른 세계의 사람들이 하는 것이라고 생각했다. 뛰어난 문장가들만 하는 것이라고 생각했다. 나 스스로 글을 쓰지 못한다고 생각했다. 그리고 시도하지 않았다. 그러나 현대사회를 살아가는 사람들은 모두 글쓰기를 할 수 있다. 아니, 이미 하고 있다. 메신저, 문자, 이메일, SNS 등 이 모든 것들이 글을 매개로 한 매개체이다. 나 역시 막연히 글쓰기라고 하면 문학적으로 훌륭한 것이라고 생각했던 것이다. 그래서 아쉬움에 명언 글귀만 기록한 것이다.

나는 이제 매일 글쓰기를 한다. 그리고 글쓰기는 누구나 할 수 있다고 생각한다. 이렇게 생각을 바꾼 것은 나의 멘토이자 스승인 〈한책협〉 김태광 대표 코치님을 만나고부터다. 김태광 대표 코치님은 대한민국 최고의 책 쓰기 코치다. 저서만 200여 권이고 배출해 낸 작가가 900명가량이다. 책 쓰기에 있어서는 가히 우주 최고라고 해도 손색이 없다. 나는 2019년 3월 16일 토요일에 책 쓰기를 시작했다. 공동저서에 참여하게 된 것이다.

나는 내가 글을 쓸 수 있다는 것을 알게 되었다. 그리고 개인저서도 쓸 수 있다고 강력하게 확신했다. 아마 혼자 글을 쓰고 책을 썼다면 이렇게 빨리 쓰지는 못했을 것이다. 아니, 평생 책을 쓰지 못했을 수도 있다. 공동저서에 참여하면서 나는 작가로서 빠르게 성장했다. 그 이후 항상 자신감을 갖고 글을 쓰고 있다. 책을 읽을 때도 글을 쓴다는 생각으로 읽는다.

글을 쓴다는 생각으로 책을 읽으면 눈으로만 읽지 않는다. 글을 읽다가 좋은 문구를 보면 그에 대한 나의 생각을 쓴다. 책에는 여백이 많다. 그곳에 나의 생각을 글로 정리한다. 책을 가만히 보면 여백이 많다는 것을 알 수 있다. 심지어 한 꼭지마다 마지막 장은 거의 반

페이지 이상이 빈 공간인 경우가 있다. 나는 그곳에 나의 생각을 여과 없이 작성한다.

그렇게 쓴 글은 누구에게 보여 주기 위한 것이 아니다. 그러니 편안한 상태에서 나의 생각을 적을 수 있다. 그중에서 정말 좋은 문장은 따로 뽑아내서 책의 맨 앞장에 다시 정리한다. 책의 맨 앞장을 보면 빈 페이지가 여러 장이다. 이곳은 좋은 문장들을 필사하기 위한 공간으로 활용할 수 있다.

책을 읽고 떠오르는 것을 즉시 글로 써라

매일 아침 출근 전 나는 내가 운영하는 〈한국위닝독서연구소〉에 글을 쓴다. 그리고 요즘엔 아침마다 안명숙 작가의 《재테크 독서로 월 100만 원 모으는 비법》을 읽는다. 안명숙 작가는 책을 읽고 4년 만에 1억 2,000만 원의 빚을 갚은 분이다. 작가님은 원래도 독서광이었다고 한다. 나는 독서를 해서 엄청난 빚을 갚았다는 사실이 흥미로웠다. 그리고 독서로 어떻게 월 100만 원을 모았는지도 궁금했다. 이 사실만으로도 삶의 엄청난 내공이 있다고 생각한다.

요즘 나는 책을 읽을 때 항상 글을 쓴다는 생각으로 읽는다. 글을 쓴다는 의식으로 읽으니 글을 쓸 수밖에 없다. 안명숙 작가의 책은 독서 분야라서 참고하기에도 좋다. 게다가 꼭지마다 좋은 명언들이 있다.

나는 책을 읽고 떠오르는 생각을 글로 정리한다. 글을 쓸 때는 내 생각을 그대로 적는다. 한참 뒤 다시 보면 엉망진창인 경우도 있다. 그러면 그 글을 다시 읽으면서 수정한다.

　책을 읽고 나면 여러 가지 생각이 떠오른다. 읽기만 했다면 생각은 어느새 증발했을 것이다. 증발한 생각을 다시 정리하기 위해서는 책을 또 읽는 노력이 필요하다. 책을 읽고 생각이 떠오르면 즉시 글로 써 보자. 그러기 위해서는 글을 쓴다는 의식을 갖고 책을 읽어야 한다. 한번 글로 써 보면 평소 갖고 있던 내 생각이 명확해지는 것은 물론, 내가 누구인지도 서서히 그려 지는 것을 알 수 있을 것이다.

PART 4

삶을 성장시키는
8가지
독서의 기술

01

독서의 목적을
세워라

목적이 없으면 계획은 어그러질 수밖에 없다.
목적하는 항구의 방향을 모른다면 모든 바람이 역풍일 테니까.

— 세네카 —

독서 목적을 설정하라

"선배님, 이번에 지표집 좀 만드려고 하는데요. 선배님 파트에서 이런 내용을 추가하려고 합니다. 어떻게 생각하시는지 좀 의견 들으려고요."

"이 지표집의 목적이 뭔데?"

최근 내가 회사에서 일을 할 때 했던 실수 중 하나다. 일을 할 때도 목적이 중요하다. '왜 하는 것인지'가 바로 서야 한다. 그래야 구체적으로 '무엇을 어떻게 하는지'가 나온다. 나는 다짜고짜 선배에게 내가 하려는 것을 어떻게 해야 할지를 물었다. 그때 선배가 나에게 가장 먼저 했던 질문이 바로 일의 목적이었다. 독서도 마찬가지다. 독서도 목적을 세우면 목적에 따른 책을 읽는다. 그리고 목적한 대로 책을 읽게 된다.

목적 없는 독서는
단순한 독서에 지나지 않는다

나는 2019년 초반 상담센터에서 여러 가지 상담을 받았다. 그런데 상담사가 "몇 주 동안 이야기했는데, 소장 씨가 좋아하는 일이 무엇인지 안 보여서, 잘 모르겠어요."라고 말했다. 그리고 나는 상담사의 도움으로 내가 무엇을 좋아하는지 몇 가지 검사를 통해 알아 가기 시작했다. 국가에서 무료로 제공하는 여러 가지 테스트도 받고, 선호도 검사도 했다. 적성도 검사도 했다. 몇 주 동안 진행한 상담을 통해 내가 무엇을 좋아하는지, 어떤 일을 좋아하는지를 알게 되었다.

나는 누군가에게 도움이 되는 일을 좋아했다. 내가 하는 일로 인해 누군가의 성장에 도움이 된다면 정말 행복해했다. 이러한 경우에는 '야근을 해도 야근비를 안 받아도 되겠다'라는 생각도 한 적이 많았다. 이런저런 이야기를 상담사와 주고받았다. 그리고 상담사는 나에게 '코칭'이라는 학문 혹은 직업 분야가 있다며 그 분야가 나에게 잘 맞을 것 같다고 말했다.

그리고 나는 알라딘 중고 서점에 가서 코칭 관련된 책을 구매했다. 홍지숙, 김명희, 김영권 작가의 《미스터 코칭 김두형》과 폴정 작가의 《폴정의 코칭설명서》였다. 나는 며칠 만에 이 책들을 읽었다. 그리고 코칭이라는 영역이 나와 잘 맞을 거라고 확신했다. 실제로 어떤 분야인지 궁금해 무료 코칭도 받았다. 당시 L 코치님에게 전화로 상담을 받았다. 예정 시간은 30분이었으나 워낙 말이 잘 통해서 1시간 넘게 통화를 했다. 당시 L 코치님은 같은 길을 가려는 분을 만나 너무 반갑다고 했다. 나 역시 신기하면서도 재밌는 분야라고 맞장구쳤다.

당시 나는 코칭이라는 분야를 알고 싶었다. 그래서 분명한 목적이 있는 독서를 했다. 독서의 목적을 세우면 그에 따른 독서하게 된다. 나는 코칭 분야가 어떤 분야인지 확인하고 싶었다. 그래서 그에 맞는 독서를 했다. 서점에 가서 코칭과 관련된 서적을 찾았다. 그리고 구매했다. 그렇게 목적이 정확하니 코칭이라는 분야를 잘 알게 되었다. 그뿐만 아니라 실제로 코칭을 받아보기도 했다. 결국 독서를 통해 코칭이 어떤 것인지 알게 되었다.

가만히 생각해 보면 우리는 목적한 대로 행동한다. 목적이 없으면 불분명하게 행동한다. 목적이 있으면 분명하게 행동한다. 독서도 마찬가지다. 목적 없는 독서는 그저 책을 단순하게 읽는 것에 지나지 않는다. 하지만 독서의 목적을 세우면 그에 맞게 읽게 된다. 그래서 독서를 할 때도 목적을 세워야 한다.

목적을 세우면 목적을 이룰 수 있다

한때 대한민국에 퀸 열풍이 불었던 적이 있었다. 나는 웬만하면 영화를 2번 이상 보지 않는다. 태어나서 영화관에서 2번 본 영화는 〈명량〉뿐이었다. 그런데 〈보헤미안 랩소디〉라는 영화를 영화관에서 3번이나 봤다. 한 번은 보통 상영관에서 보고, 다른 한 번은 사운드에 특화된 상영관에서 봤다. 그리고 마지막으로 Screen-X(영화관에서 전방 스크린뿐 아니라 좌우 벽면을 동시에 스크린으로 활용하는 상영 시스템)에서 봤다. 사실 나는 퀸이라는 밴드도 잘 몰랐다. 하지만 그냥 그 밴드에 너무 끌렸다.

그리고 밴드와 프레디 머큐리에 대해 더 알고 싶었다. 그래서 당장 교보문고 광화문점으로 가서 책을 구매했다. 정유석 작가의 《QUEEN 보헤미안에서 천국으로》와 알폰소 카사스 작가의 《프레디》라는 책이었다. 이때도 나의 독서 목적은 분명했다. 나는 이 책들을 통해 영화에서는 다루지 않았던 내용들을 알게 되었다.

나는 회사에서 사람들의 눈치를 엄청나게 많이 본다. 군대에서 장교생활을 할 때도 사람들의 눈치를 많이 봤었다. 직급이 낮아서였을까? 정확한 이유는 잘 모르겠지만 다른 사람들의 눈치를 보느라 정작 중요한 것들을 하지 못하는 경향이 있었다. 회사일이든 개인적인 일이든. 이런 고민을 하고 있었는데 마침 책 추천을 받았다. 당시 부서장이었던 분께서 추천해 줬다. 나에게만 추천한 것은 아니었다. 부서원 모두에게 추천해 줬다. 너무 신기했던 게 평소 내 마음을 들여다보신 것처럼 내 고민에 대한 책을 추천해 주셨다.

그 책은 바로 마크 맨슨 작가의 《신경 끄기의 기술》이라는 책이었다. 남의 눈치를 많이 보던 내게 최고의 책이었다. 책은 이렇게 말한다.

"좋은 삶을 살려면, 더 많이 신경 쓸 게 아니라 더 적게 신경 써야 한다."

책을 읽고 나는 다시 한 번 깨닫게 되었다. 삶에서 가장 중요한 것에 집중하는 것이 중요하다고. 그리고 남들은 나에게 별로 관심이 없다고. 그러니 내 인생에서 가장 중요한 것에 집중해야 한다고 말이다. 그럴 때 모든 일이 다 잘 풀릴 것이고 내가 도모하고자 하는 일을 이룰 수 있다.

만약 내가 이 책을 읽지 않았다면 어땠을까? 아무래도 더 긴 시간 동안 남의 눈치만 보느라 내 인생을 제대로 못 살지 않았을까? 내가 이 책을 읽은 목적도 명확했다.

우리는 목적을 세우면 그 목적을 이룬다. 더 정확히는 그 목적을 이루기 위한 행동을 한다. 어떤 것을 하고자 한다면 무조건 목적부터 세워야 한다. 독서도 마찬가지다. 목적 없는 독서는 그저 문자를 읽는 것에 불과하다. 하지만 목적을 세우면 목적한 대로 책을 읽게 된다. 어떤 지식을 얻길 원한다면 그 지식을 얻을 수 있다. 인물에 대해 더 알고 싶다면 더 잘 알 수 있게 된다. 나의 문제를 해결하기 위해 책을 읽는다면 그 문제를 해결할 수 있게 된다. 성장하기 위해서는 어떻게 해야 되겠는가? 성장하려는 목적이 있는 독서를 해야 한다.

02

초스피드로 읽고 싶다면
발췌독을 하라

나는 시종일관 그것의 일부를 읽는다.

– 시무엘 골드윈 –

실용서, 자기계발서의 경우 발췌독을 이용하라

세상에 시간이 무한정 많은 사람이 누가 있을까? 빌딩을 여러 채 가지고 있는 부동산 부자는 시간이 많을까? 단언하건대 절대 시간이 남아도는 사람은 없다. 만약 시간이 남아도는 사람이 있다면 돈이 없을 것이다. 전문용어로 백수라고 한다. 지구상 어딘가에 돈이 많은데 시간도 남아도는 사람이 있을 수 있다. 하지만 이는 아주 극히 일부분이다. 대부분의 사람들에게 시간은 늘 부족하다.

한편 시간도 없는데 아직도 책을 처음부터 끝까지 보는 사람들이 너무나 많다. 나는 나의 첫 책 《퇴근 후 1시간 독서법》에서도 발췌독을 해야 한다고 주장했다. 특히 실용서, 자기계발서의 경우 무조건 발췌독을 해야 한다. 발췌독 방법에는 여러 가지가 있다. 목차를 보고 필요한 부분만 읽는 방법, 목차를 보고 느낌 가는 대로 읽는 방법, 각 꼭지별로 마지막 결론만 보는 방법이다.

첫째, 목차를 보고 필요한 부분만 읽는 방법

이 방법은 우리에게 너무나도 친숙하다. 여행 갈 때 모두들 가이드북을 구매하지 않는가? 바로 이것이다. 가이드북을 읽을 때를 생각해 보면 쉽게 이해할 수 있다. 여행 갈 때 보통 여행지와 관련된 가이드북을 구매한다. 가이드북을 보면 많은 정보가 담겨 있다. 지역도 여러 군데다. 식사, 교통편, 관광지, 대중교통 이용방법 등등.

여기서 우리는 가려는 곳에 대한 부분만 읽으면 된다. 그리고 그때마다 필요한 부분만 목차를 보고 찾아서 읽는다. 이렇게 책을 읽고 나서 보지 않은 부분이 분명히 있을 것이다. 그렇다고 우리가 그 책을 아까워할까? 전혀 그렇지 않다. 오히려 책을 잘 읽었다고 기뻐한다. 우리에게 필요한 부분을 잘 읽었기 때문이다.

작년에 나는 일본의 후쿠오카로 여행을 갔다. 나는 유재우, 손미경 작가의 《클로즈업 후쿠오카》라는 책을 샀다. 나는 주로 여행을 갈 때 관광지보다 먹는 것을 우선시하는 스타일이다. 그래서 먼저 목차를 살폈다. 그리고 먹는 것과 관련된 부분을 찾아 봤다. 그리고 내가 가려는 곳인 유후인과 관련된 곳을 봤다. 내가 가지 않는 나가사키, 기타큐슈와 관련된 부분은 보지도 않았다.

이렇게 책을 읽는 것이다. 내가 가지도 않는 부분을 읽을 필요는 없다. 지금 당장 내가 가는 여행지에 대한 내용을 읽기도 바쁘다. 내가 관심 있는 부분만 읽으면 된다. 쇼핑을 좋아하면 쇼핑 페이지만 발췌독으로 읽으면 된다. 온천을 좋아하면 온천 관련된 부분만 찾아서 읽으면 된다.

다른 책을 읽을 때도 별반 다르지 않다. 먼저 목차를 살펴라. 그리고 목차 부분에서 내게 필요한 부분만 찾아 읽어도 된다. 이렇게 발췌독을 할 수 있다. 나는 대부분의 자기계발서를 읽을 때, 목차를 펼쳐 필요한 부분을 확인한 후 관련 부분만 읽는다.

둘째, 목차를 보고 느낌 가는 부분만 읽는 방법

나는 《주식투자 이렇게 쉬웠어?》를 쓴 김이슬 작가의 '주식투자 4주 과정'을 수강했다. 수강하는 동안에 과제가 있었다. 바로 앙드레 코스톨라니 작가의 《실전 투자강의》를 읽는 것이었다. 김이슬 작가님은 앙드레 코스톨라니 작가는 투자에 있어서는 대부와 같은 사람이라고 말했다. 주식을 전혀 모르는 나는 이때도 그 책을 다 읽지 않았다. 목차를 펼쳐 내가 읽고 이해할 수 있을 만한 느낌이 드는 부분만 찾아서 읽었다. 그렇게 책의 5분의 1 정도를 읽었다. 그리고 다른 부분은 안 읽었다. 읽은 부분에 대해서만 김이슬 작가님께 궁금한 점을 물어보고 배워 나갔다. 이렇게 느낌 가는 부분만 발췌독으로 읽어도 된다.

목차를 보고 단어만 봐도 내가 읽어서 이해를 할 수 있는지 아닌지 느낌이 온다. 군이 이해 못할 것 같은 부분을 읽어서 시간을 낭비할 필요가 없다. 나중에 필요하면 또 읽을 수 있다. 어차피 이런 투자 관련 자기계발서들은 언제든 목차를 펴고 찾아서 볼 수 있기 때문이다. 소설처럼 전체를 읽어서 줄거리를 알아야 하는 책이 아니다.

나는 특히 투자와 관련된 책은 모두 이 방식을 통해 읽는다. 가끔 김이슬 작가님이 어떤 내용들은 꼭 알아야 된다고 할 때가 있다. 그때는 책 속에서 그와 관련된 부분을 찾아서 읽으면 된다. 그리고 모르는 부분은 물어보고 알아 가면 된다. 나보다 더 잘 알고 있는 분에게 물어보고 이해하는 게 더 현명한 방법이다. 아니면 김이슬 작가님이 운영하는 〈한국주식투자코칭협회〉 카페에 궁금한 내용을 올려도 된다. 그러면 다른 우수한 회원님들이 알려 준다. 언제까지 내가 모르는 부분을 혼자 독학으로 할 수 없다. 시간이 없는데 또 언제 공부하랴? 우리는 시간이 없다. 그래서 나보다 잘 아는 사람에게 제대로 배워야 한다.

셋째, 꼭지의 마지막 결론만 읽는 방법

나는 김이슬 작가의 《주식투자 이렇게 쉬웠어?》를 읽었다. '주식투자 4주 과정'의 필독서이기 때문이다. 당시 나는 한창 첫 번째 책을 탈고 중이었다. 그리고 유튜브, 블로그, 인스타그램 등 SNS로 나를 홍보하고 있었다. 그래서 여전히 하루가 짧았다. 물론 저자의 경험과 생각이 녹아 들어간 이 책을 다 읽으면 좋다. 하지만 현실적으로 시간이 없었기 때문에 나는 결론만 읽는 발췌독을 했다.

대략 20~30분 만에 한 권의 책을 다 읽었다. 그렇게 읽어도 저자가 무슨 말을 하고 싶은지 다 파악했다. 결국 책이라는 것은 꼭지들로 이루어져 있기 때문이다. 그리고 꼭지는 서론, 본론, 결론 순으로 쓰여 있다. 여기서 가장 중요한 부분은 결론이다. 그래서 결론만 읽어도 된다. 이 부분만 읽어도 저자가 말하고자 하는 바를 충분히 알 수 있다.

발췌독으로도 충분히 독서가 가능하다

우리 모두 시간이 없다. 세상에 시간 많은 사람이 몇 명이나 있을까? 왜 우리는 책을 읽을 때 처음부터 끝까지 읽을까?

발췌독으로 책을 읽어도 된다. 그래도 충분한 독서라고 할 수 있다. 목차를 보고 필요한 부분만 발췌독으로 읽자. 혹은 느낌 가는 대로 발췌독을 하자. 혹여 전체 내용을 읽고 싶다면 꼭지별로 마지막 결론 부분만 발췌독으로 읽어 보자. 저자가 말하고자 하는 바를 알 수 있을 것이다.

03

생각하는 독서를 하고 싶다면 질문하며 읽어라

중요한 것은 질문을 멈추지 않는 것이다.
— 아인슈타인 —

질문은 사고의 폭을 무한정 넓힌다

질문은 정말 중요하다. 질문이 얼마나 중요한지는 여러 가지를 통해 알 수 있다. 일단, 질문을 한다는 것은 무엇을 모르는지 알고 있다는 것이다. 내가 무엇을 모르는지 알고 있으면 배울 수 있다. 그리고 성장할 수 있다.

AI에 비해 인간이 위대한 점은 바로 질문이다. AI는 질문을 하지 못한다. 한다고 해도 이미 인간이 주입한 내용이기 때문에 질문이 한정적이다. 하지만 인간은 모르는 것이 있으면 관련된 질문을 수백 가지도 할 수 있다. 그리고 인간은 성장할 수 있다. 마지막으로 현대경영학의 아버지인 피터 드러커의 저서 《피터 드러커의 최고의 질문》을 통해 질문의 중요성을 알 수 있다.

계속해서 답을
수정해 가는 질문을 하라

나는 임홍택 작가의 《90년생이 온다》라는 책을 읽었다. 내 옆자리
J 선배는 그 작가가 본인의 전 회사 동료라고 나에게 알려 줬다. 당시
에는 임홍택 작가의 책이 베스트셀러가 될 것이라고는 생각지도 못했
다고 한다. 평소 그는 연구하던 주제에 대해 책을 썼다고 했다. 그 책
에 대한 히스토리뿐만 아니라 내용 자체도 흥미로웠다. 어쨌든 요즘
1990년생들이 사회의 주축이 되어가고 있다. 20대 초반에서 20대 후
반까지인 그들은 이제 막 사회로 나오고 있다. 혹자는 사람의 본성은
다르지 않다고 한다. 하지만 나는 동원 훈련에서 90년생들을 보면서
정말 다르다고 느꼈다.

동원 훈련은 2박 3일간 군부대로 가서 훈련을 받는 것이다. 보통
예비군이라고 해서 출퇴근 형식으로 4일간 받기도 한다. 하지만 나는
장교 전역자여서 대부분 동원 훈련을 받는다. 게다가 나는 내가 원래
군 생활했던 부대로 동원 훈련을 지정했다. 그래서 매년 일산에 있는
9사단 전차대대로 동원 훈련을 간다. 그러던 중 동원 훈련을 가서 내
눈과 귀를 의심할 정도의 상황을 목격하게 되었다.

예전에는 간부가 욕설을 해도 용사들은 참고 군 생활을 했다. 그
런데 요즘은 조금만 욕을 해도 바로 좌천된다. 내가 군 생활할 때 욕

설을 하던 간부들은 지금 보이지 않는다. 물어 보니 용사들이 마음의 편지를 써서 사단에서 조치되었다고 했다.

동원 훈련 중 한번은 군대에서 전쟁을 준비하는 훈련인 전투준비 태세 훈련을 한 적이 있다. 훈련병 중에는 통신병이 있는데, 그의 임무는 통신을 원활히 하기 위해 배터리를 많이 챙기는 것이다. 중대장과 행정보급관의 배터리, 여분의 배터리 등등. 그런데 그 통신병이 배터리를 반 정도밖에 못 챙긴 상황이 벌어졌다. 그래서 행정보급관이 해당 용사에게 도대체 정신이 있는 거냐며, 전쟁에 나가서도 이렇게 하면 되겠냐면서 엄청 혼냈다. 그런데 그 용사가 한 말이 기가 찼다.

"아니, 행정보급관 님. 어제 저한테 A도 시키시고 B도 시키시고, 오늘 아침에는 C도 시키셨습니다. 그런데 제가 언제 배터리를 챙길 수 있었겠습니까? 할 수 있는 일의 양을 줘야 저도 할 수 있지 않겠습니까?"

행정보급관은 말없이 훈련을 마치고 막사로 올라갔다. 군대를 나온 사람이라면 정말 기가 찰 것이다. 그런데 한탄만 해서는 안 된다. 이런 성향의 90년생들이 많다. 예전 세대들이 참고 했던 것들을 절대 참지 않는다. 모두 말한다. 그리고 고생한 적이 없다. 예전에는 군대에서 1시간 30분 혹은 2시간씩 탄약고 근무를 선다. 그런데 요즘은 최신식 CCTV로 대체되었다. 근무 대신 CCTV만 보면 되는 것이다. CCTV 자체로도 사람이 지나가면 확대해서 누군지 보여 준다. 요즘 용사들은 춥고 더운 날 근무를 서 보지 않은 사람들이 많다. 이것

말고도 정말 차이가 많다. 말하자면 한도 끝도 없다.

　나는 《90년생이 온다》라는 책을 읽으면서 정말 많은 질문을 했다. '90년생이 도대체 왜 다를까?', '90년생은 정말 우리와 다를까?', '90년생이라도 사람인데 우리와 기본적으로 같은 것은 없을까? 다르기만 할까?', '90년생이 오는 것이 왜 중요할까?' 등등 90년생들의 특성을 알게 되었다. 그리고 100% 이해할 수는 없지만 이해가 필요하다는 것도 알게 되었다. 또한 그들이 소비의 주축이 되어가고 있다는 것을 알게 되었다. 소비자가 된다는 것은 고객이 된다는 것이다. 고객의 니즈를 알지 못하고는 절대 누구든 물건을 팔 수 없다. 매출이나 수익을 낼 수 없다는 것이다. 이런저런 의미에서 결국 우리는 90년생에 대해 이해를 해야 한다.

　이렇게 질문을 통해 책을 읽어야 한다. 질문을 하지 않고 책을 읽으면 저자가 말하는 바를 그대로 따라하는 것밖에 되지 않는다. 그저 저자가 하는 말을 그대로 따라 하는 앵무새라고 해도 별반 다르지 않다. 우리가 책을 읽는 이유는 저자 수준에서 머물기 위한 것이 아니다.

　책을 읽고 최소한 저자와 동등하거나 저자보다 더 높은 수준의 사고를 해야 한다. 이것이 가능한 방법은 오직 질문밖에 없다. 질문을 통해 스스로 답을 내야 한다. 그리고 계속해서 답을 수정해 가는 질문도 해야 한다. 내가 낸 답이 틀릴 수도 있다. 상황에 따라, 사람에

따라 달라질 수도 있다. 따라서 질문하는 힘을 길러 저자 이상의 수
준에 도달해야 한다.

질문을 하면서 읽으면
종합적으로 사고할 수 있다

나는 회사 업무로 영주닐슨 작가의 《월스트리트 퀀트투자의 법칙》
이라는 책을 읽어야 했다. 당연히 바쁜 나는 발췌독으로 읽었다. 목차
를 확인하고 전체를 훑었다. 그리고 퀀트투자가 무엇인지에 대해 알
려 주는 꼭지를 찾아 읽었다. 내게 퀀트투자의 중요성, 퀀트투자를 해
야 하는 이유를 읽을 필요는 없었다. 일단 퀀트투자가 무엇인지 알아
야 했다.

그래서 퀀트투자란 숫자와 데이터로 투자하는 방법이라는 것을
알게 되었다. 그리고 '숫자와 데이터로 투자하면 퀀트투자로 모두 수
익이 나겠네?'라는 생각을 했다. 하지만 투자라는 게 어디 그렇게 쉽
던가? 쉽다면 모두 부자가 되었을 것이다. 그럼 왜 숫자와 데이터로
투자를 해도 잃는 사람이 있는지 궁금했다. 그런 질문을 스스로 하
며 책을 읽었다. 그랬더니 다음에 바로 관련 내용이 나왔다.

바로 그 숫자와 데이터라는 것을 바탕으로 사람이 투자 로직을
만들어야 된다는 것이 문제였다. 그 로직은 결국 인간이 만드는 것이
다. 숫자와 데이터는 팩트다. 하지만 여기에 논리를 만들면 사람의 생
각이 들어가게 된다. 혹은 사람의 편견이나 잘못된 판단으로 로직이

만들어지기도 한다. 그래서 숫자와 데이터를 바탕으로 로직을 구성해 투자해도 항상 조심해야 한다. 결국 퀀트투자를 해도 실패하는 이유는 사람이 만든 로직 때문이라는 것을 알게 되었다. 그렇게 나는 몇 분 만에 퀀트투자에 대해 알게 되었다.

우리는 책을 읽을 때 질문을 해야 한다. 질문을 하면 보다 종합적으로 사고할 수 있다. 저자에게 질문하고 저자와 다른 생각을 함으로써 저자와 같은 수준까지 사고력이 올라갈 수 있다. 심지어 저자 이상의 수준으로 생각을 할 수도 있다. 또한 질문하면서 읽으면 책을 단기간에 제대로 읽을 수 있다. 어떤 식이든 질문을 하며 책을 읽자. 질문은 창조와 혁신의 아버지다.

04

같은 주제를 폭넓게 읽는 수평 독서를 하라

책을 한 권만 읽는 자에게 화 있을진저!

− 조지 허버트 −

다양한 분야의 책을 읽어라

"스페셜리스트가 될래? 제너럴리스트가 될래?"

스페셜리스트란 나의 분야에서 전문가형 인재를 뜻한다. 제너럴리스트란 특정 분야가 아니라 넓은 분야를 알고 있어서 조금씩 다양한 것을 할 줄 아는 인재를 뜻한다. 어떤 인재가 좋은 인재일까? 당연히 둘 다 필요하다. 그래서 A형 인재, H형 인재, T형 인재 등의 용어가 유행한 적이 있다.

기업마다 어떤 형의 인재가 필요하다며 여러 칼럼이 쏟아져 나왔다. T형 인재는 특히 미국의 GE(제너럴모터스)에서 요구하는 인재상이라고 정했다. 또한 일본의 TOYOTA(도요타)에서 주창한 인재이기도 하다. T형 인재는 자기 분야에 대해서는 전문성을 바탕으로 깊게 아는 것이 필요하다. 그뿐만 아니라 다양한 분야의 지식들도 폭넓게 알아야 한다. T형 인재는 융합형 인재라고도 할 수 있다. 그렇다면 지식을 어떻게 폭넓게 알 수 있을까?

나는 요즘에도 지식을 폭넓게 하기 위해 다양한 분야의 책을 읽는다. 그래 작가의 《내 감정의 주인으로 사는 법》, 정순규 작가의 《다른 사람 신경 쓰지 않는 연습》처럼 자존감과 감정에 대한 책을 읽기도 한다. 신경 쓸 일도 사람도 많은 요즘이다. 어떻게 하면 나를 세울지, 흔들릴 때 읽으면 좋다. 나를 세우는 방법은 나를 제대로 들여다볼 줄 알아야 한다. 나와 대화를 많이 해야 한다. 나는 책을 읽으면서 '나는 누구인가?', '나는 언제 행복한가?' 등등 나 스스로에게 많은 질문을 했었다.

때로는 김이슬 작가의 《주식투자 이렇게 쉬웠어?》와 안명숙 작가의 《재테크 독서로 월 100만 원 모으는 비법》, 김은화 작가의 《나는 부동산 투자로 경제적 자유인이 되었다》와 같이 재테크 관련된 책을 읽기도 한다. 이런 책들을 읽으면서 돈에 대한 생각이 점점 바뀌었다. '돈' 하면 항상 월급과 같다고 생각했다. 내가 벌 수 있는 돈은 오로지 월급이 전부였다. 하지만 세상에는 여러 가지 방법으로 돈을 버는 사람들이 많다. 이 책들을 통해 돈에 대한 사고의 전환을 할 수 있었다.

또한 지성희 작가의《생각하는 수업, 하브루타》, 오성숙 작가의《강의 잘하는 기술》, 박지수 작가의《하루 10분 목소리 트레이닝》, 서동희 작가의《히라가나도 모르던 일알못은 어떻게 90일 만에 일본어천재가 되었을까》 등과 같이 다양한 분야의 책을 읽기도 한다. 다양한 분야의 책을 읽으면 다양한 생각을 할 수 있어서 좋다. 너무 한 종류의 책만 보게 되면 편협한 사고를 할 수도 있다.

이렇게 다양한 분야의 책을 읽을 때면 나는 당연히 발췌독을 한다. 특히 이런 실용서들은 읽기 쉽게 상당히 잘 쓰여 있다. 그뿐만 아니라 저자들의 경험과 생각이 녹아 있다. 딱히 어려운 용어들도 없다. 학생들도 읽기에 전혀 부담이 없을 정도다. 책을 읽으면서 해당 분야에 대한 지식들을 조금씩 쌓는다. 각각에 대해 전문성 있게 자세히는 알 수 없다. 하지만 아는 분야가 많으면 많아질수록 좋다. 나는 이런 책들을 읽으면서 알게 된 것들이 있다. 작가들 모두 꿈이 있고 그 꿈을 향해 뚜벅뚜벅 걸어간다는 사실이다. 그리고 고난과 역경을 딛고 일어서면 더 큰 축복을 맞이한다는 공통점도 알게 되었다.

고난과 역경에 굴복하면 그대로 끝난다. 하지만 내가 읽었던 책들의 작가들은 크든 작든 고난과 역경을 헤쳐 나갔다.《하루 10분 목소리 트레이닝》의 저자 박지수 작가는 한때 발성장애를 겪었다. 그대로 좌절했다면 어떻게 됐을까? 책은커녕 어디에 숨어들어 평생을 살았을지도 모른다. 하지만 이제 박지수 작가는 자신의 이야기를 바탕으로 강연을 하며 사람들에게 동기부여를 해 준다.

《히라가나도 모르던 일알못은 어떻게 90일 만에 일본어천재가 되었을까》의 저자 서동희 작가는 일본 유학 6개월 만에 일본어천재가 되어 한국에 다시 돌아왔다. 짧다면 짧은 6개월의 일본 유학에서 일본어를 못한다고 포기하지 않았다. 그리고 영어를 훈련했던 경험으로 일본어도 정복했다. 한국에 돌아와서는 일본과 무역하는 회사에서 동시통역 업무도 했다고 한다. 일본어를 하지 않고 그대로 포기했다면 어땠을까? 마찬가지로 책은커녕 6개월을 버렸을지도 모른다. 이 작가는 이제 한국에서 일본어 코치로 활동하고 있다. 일본어를 배우고 싶은 사람들에게 가장 효과적인 방법으로 쉽게 코칭하고 있다.

관점의 차이가 생각의 차이를 가져온다

2011년에 나는 자기계발서 분야에 흠뻑 빠져 있었다. 'R = VD' 열풍을 불러일으킨 이지성 작가의 여러 책들을 읽었다. 《리딩으로 리드하라》, 《꿈꾸는 다락방》, 《18시간 몰입의 법칙》 등의 책을 읽었다. 이지성이라는 작가가 쓴 책이란 책은 모두 구매했다. 그리고 다 읽었다. 다른 책은 전혀 읽지 않고 오로지 이지성 작가의 자기계발서만 읽었다. 내 안의 거인이 깨어나는 느낌이 들었다. 책을 읽고 내 자신이 성장하는 느낌이 들었다. 그런데 한 가지 문제가 있었다. '내가 옳다'라는 착각에 빠지게 된 것이다.

내가 생각하는 것만이 정답이라고 생각했다. 오로지 꿈만을 중요하게 생각했다. 꿈꾸는 것은 숭고한 것으로 생각했다. 그리고 돈은 나쁜 것이라고 생각했다. 돈에 탐닉하는 것은 어쩐지 숭고하지 못한 악한 마음이라고까지 생각하게 되었다. 그리고 돈을 추구하는 사람들을 불경하게 봤다. 추악한 사람들이라고 생각했다. 오직 숭고한 삶은 꿈을 찾아 이루는 삶이라고 생각했다. 돈 없이도 살 수 있는 삶이 최고의 삶이라고 생각했다.

이러한 생각이 편협하다는 것을 깨닫는 데는 그리 오랜 시간이 걸리지 않았다. '그동안 알음알음 돈 벌었던 과외를 못 하게 되어 수입이 없어지면 어떻게 될까?'라는 생각을 하게 되었다. 그러면 내가 제일 좋아하는 책을 사는 것이 어려워진다. 어디 그뿐인가? 친구들을 절대 못 만난다.

편협한 사고들은 다른 책들을 읽어 가며 조금씩 바뀌었다. 다른 생각들을 수용하는 것으로 바뀌기 시작했다. 돈은 나쁜 것이 아님을 그리고 상당히 중요하다는 것을 인정했다. 정말 돈은 나쁜 것이 아니다. 특히 자본주의 사회에서 돈은 정말 중요하다. 당장 돈이 없다고 생각해 보자. 무엇 하나 할 수 있는 것이 없다. 대중교통을 타지도 못한다. 여자친구와 데이트도 못한다. 친구들을 만날 수도 없다. 돈이 없으면 세상을 살아가지 못한다. 돈을 벌지 못하는 꿈은 쉽게 포기할 수도 있다는 것을 생각하는 시점이었다.

물론 지금이야 질문을 하며 책을 읽는다. 한 작가나 한 분야의 책만 읽는다고 다시 편협한 사고를 하지도 않을 것이다. 그렇게 되지 않을 것이라 확신한다. 이제는 나름의 시각을 갖고 책을 읽는다. 세상에는 정답이 없다고 생각한다. 다만 세상을 바라보는 관점의 차이는 있다고 생각한다. 그리고 그 관점에 대해 존중할 줄 아는 마음도 생겼다. 관점의 차이가 사람들의 생각의 차이를 가져온다는 것을 알게 되었다.

제대로 된 독서를 하고 싶다면
수평 독서를 하라

다양한 분야의 책을 읽는 것은 몇 가지 장점이 있다. 나의 지식을 넓힐 수 있다. 여러 책을 읽음으로써 세상을 바라보는 다양한 관점을 얻을 수 있다. 다양한 관점을 이해하면 편협한 사고에서 벗어날 수 있다. 나는 여러 분야의 책을 읽어서 얻게 되는 가장 좋은 점은 바로 이 점이라고 생각한다. 책을 제대로 읽고 싶다면 수평 독서를 하자. 지식은 물론 다양한 시각을 얻게 될 것이다.

05

더 깊이 읽고 싶다면
수직 독서를 하라

독서가 정신에 미치는 효과는
운동이 신체에 미치는 효과와 같다.
─ 리처드 스틸 ─

내 전문 영역의 독서를 집중적으로 하라

리처드 스틸은 말했다. 독서가 정신에 미치는 효과는 운동이 신체에 미치는 효과와 같다. 야구선수들의 운동을 생각해 보자. 투수건 타자건 기본적으로 체력을 기르기 위한 기초운동을 한다. 러닝, 팔운동, 다리운동 등등. 하지만 각자의 전문 분야로 들어가면 다르게 운동을 한다. 투수는 당연히 잘 던지기 위한 운동을 한다. 타자는 어떤 운동을 할까? 투수랑 같은 운동을 하면 어떻게 될까? 당연히 타자로서 기량을 잘 발휘하지 못할 것이다.

독서를 하는 우리도 역시 각자의 전문 영역의 독서를 집중적으로 해야 한다. 그렇지 않고 계속 여러 분야의 책만 읽게 된다면? 내 전문

172

성을 쌓기는 불가능해진다. 아니면 오직 일을 통해서만 전문성을 쌓아 가게 된다. 직장인이라면 내가 지금 하고 있는 일과 관련된 책을 읽어야 한다. 요리사라면 요리를 잘하기 위한 책을 중점적으로 읽어야 한다. 영업에 종사하는 사람이라면 다른 책들보다는 영업과 관련된 책을 통해 전문 지식을 쌓아야 한다. 이는 투수가 공을 잘 던지기 위해서 필요한 운동을 하고 타자가 공을 잘 치기 위해서 필요한 운동을 하는 것과 같은 이치다.

여러 독서법을 인용해 나에게 적용하라

나의 첫 저서 《퇴근 후 1시간 독서법》의 원고를 집필할 때 나는 독서법 관련된 책들을 집중적으로 봤다. 내가 독서법 관련된 책을 쓰려고 했기 때문에 당연히 다른 독서법 책들을 읽어 보는 것이 필요했다. 각각의 책들을 분석했다. 그리고 내가 취할 것과 버려야 할 것들을 정리했다.

당시 내가 읽었던 책들은 다음과 같다. 이종서, 박창희 작가의 《책 읽기가 필요하지 않은 지금은 없다》, 유근용 작가의 《일독일행 독서법》, 박상배 작가의 《인생의 차이를 만드는 독서법》, 이해성 작가의 《1등의 독서법》, 송희진 작가의 《하루 10분 아침독서 습관》, 허동욱 작가의 《자투리 시간 독서법》, 김경태 작가의 《일년만 닥치고 독서》, 하토야마 레히토 작가의 《하버드 비즈니스 독서법》, 이토 마코토 작가의 《꿈을 이루는 독서법》, 도이 에이지 작가의 《그들은 책 어디에 밑줄을 긋는가》 등이다.

이렇게 한 분야에서 여러 권의 책을 읽는 것이 바로 수직 독서다. 책 한 권만 읽으면 안 된다. 책을 한 권만 읽으면 편협한 선택을 할 수밖에 없다. 어떤 선택을 하기 위해서는 최소 10권 정도는 읽는 수직 독서를 해야 한다. 그럴 때 치우치지 않은 선택을 할 수 있다. 같은 주제인 독서법 책들도 읽어 보면 관점이 다르다. 심지어 A 작가는 추천하는 독서법을 B 작가는 비추천하기도 한다.

그리고 이런 독서법들을 읽으면서 나의 독서 습관도 뒤돌아보게 된다. 더 효율적이고 효과적인 독서법은 없을지 고민하게 된다. 지금 내가 하고 있는 독서 습관이 최선인지도 질문하게 된다. 그래서 나는 벤치마킹을 통해 나의 독서법의 일부를 수정했다. 바로 모서리를 접는 부분이다. 모서리를 접는 것은 '정말 중요해서 다시 보고 싶다'라는 의미였다.

나는 다시 보고 싶은 부분의 모서리를 아무렇게나 접었다. 구분이 있다면 다시 보고 싶은 문장이 책의 위쪽에 있으면 모서리 위쪽을 접었다. 반대로 다시 보고 싶은 부분이 아래쪽에 가까우면 아래쪽 모서리를 접었다. 그런데 이토 마코토 작가의 《꿈을 이루는 독서법》이라는 책을 읽고 방법을 바꾸었다.

다시 보고 싶은 부분인데 공감하거나 이해하면 위쪽 모서리를 접었다. 반대로 공감되지 않고 이해되지 않는 곳은 모서리 아래쪽을 접었다. 거의 대부분 책의 위쪽 모서리를 접었다. 몇 장 되지는 않지만 이해가 안 되는 부분은 아래쪽을 접어서 다시 찾기가 쉬웠다. 그리고 그 부분만 몇 번이고 다시 읽어 보면서 사색을 하기도 했다.

결말의 관점에서 시작하라

나의 멘토이자 스승이신 〈한책협〉의 김태광 대표 코치님께서 강력하게 추천하는 책이 있다. 바로 네빌 고다드라는 작가의 책들이다. 김태광 대표 코치님은 본인의 스승이자 멘토를 네빌 고다드라고 했다. 〈네빌고다드TV〉라는 유튜브 채널을 개설해 운영할 정도로 네빌 고다드에 대한 마음이 남다른 대표 코치님은 그의 책들을 읽고, 삶이 360도로 바뀌었다고 했다. 그렇게 강조하며 말씀하시니 어찌 안 읽어 보랴. 그래서 나는 2019년 3월부터 네빌 고다드의 《믿음으로 걸어라》를 읽기 시작했다.

하지만 내용이 정말 난해했다. 처음 읽을 때는 정말이지 일부분밖에 이해하지 못했다. 성경을 해석하는 성공학이라는 느낌이 들었다. 이 책은 성경을 역사적 관점이 아니라 마음에 관한 이야기로 풀어서 설명한다. 특히 가장 이해되지 않는 부분은 이 책에서 많이 나오는 문구 중 하나다.

"I AM THAT I AM"

처음에는 아무리 질문하고 사색해도 이해되지 않았다. 너무 답답

했다. 나는 혼자 뜻을 생각해 봤다. '나는 나다', '나는 그 나다', '나는 거기의 나다', '나는 그런 나다' 등 아무리 해석을 해도 도저히 이해가 되지 않았다. 결국 책 한 권을 읽을 때까지도 이해하지 못했다.

하지만 나는 포기하지 않았다. 네빌 고다드가 누구인가? 내가 닮고 싶어 하는 멘토의 스승이라고 하는 사람이 아니던가? 끈기를 갖고 다시 책을 읽기 시작했다. 그리고 네빌 고다드가 말하는 성공학을 더 잘 이해하기 위해 수직 독서를 하기로 결심했다. 네빌 고다드가 쓴 책을 구매했다. 《네빌 고다드 라디오 강의》, 《네빌 고다드의 부활》, 《상상의 힘》, 《네빌 고다드 5일간의 강의》 등을 동시에 읽기 시작했다.

네빌 고다드가 말하는 것을 이해하기 위해 장소마다 다른 책을 읽었다. 책상에서는 《믿음으로 걸어라》라는 책을 읽었다. 출근하면서는 《네빌 고다드 5일간의 강의》를 읽었다. 그리고 침대에서는 《상상의 힘》을 읽었다. 카페에 가면 또 다른 네빌 고다드의 책들을 읽었다. 그렇게 한 결과 네빌 고다드가 말하는 것을 조금씩 이해하게 되었다. 그리고 내 삶에 받아들이게 되었다. 의식이 정말 확장되는 것을 느꼈다. 네빌 고다드는 상상하면 이루어진다고 말한다. 강력하게 꿈꾸면 현실 세계에서 원하는 것이 이루어진다고 한다.

그래서 네빌 고다드는 이미 이루어진 것처럼 행동하라고 말한다. 결말을 바라보지 말고 결말의 관점에서 시작하라고 말한다. 사실 이 이야기도 완벽히 이해하지 않았다. 사실 100% 믿지는 않았다. 그런데 얼마 전 출근하면서 읽은 한 구절로 완전히 믿게 되었다. 네빌 고다드는 말한다. 이미 이루었는데 어떻게 이룰 수 있냐고 묻지 않는 것과 같다고 했다. 이미 이루어낸 그것을 즐기면 된다고 했다. 이미 이루었는데 자기 자신에게 어떻게 이루었냐고 따지는 사람은 없다. 나는 이 책은 그 내용들을 얼마나 흡수했느냐에 따라 인생도 달라질 것이라고 생각한다.

전문 영역을 넓힐 수 있는 수직 독서를 하라

지금까지 수평 독서를 했는가? 그동안 기초 체력을 길렀다고 생각하자. 야구선수도 기초 체력 훈련을 한다. 그 후에 투수면 투수에 맞는 운동을 하고, 타자면 타자에 맞는 운동을 한다. 기초 체력 훈련은 매일 해야 하는 것은 맞지만 언제까지 기초 체력 운동'만' 할 수는 없다. 나의 무기가 될 전문 영역의 힘도 길러야 한다. 이제는 수직 독서로 나의 전문성을 기르자. 그래야 나의 전문 영역을 넓힐 수 있다.

06

책의 여백을
활용하라

기록된 활동은 역사가 되지만
나머지는 모두 잊혀지고 만다.
— 공병호 —

무엇이든 메모하라

나는 9사단 전차대대에서 소위로 군 생활을 시작했다. 장교라서 계급은 높았다. 계급으로만 따지면 나이가 50대인 부대의 주임원사보다도 내가 높았다. 하지만 누구나 그렇듯 처음 군 생활을 시작하면 아는 것이 없다. 아무리 교육을 받았다고 해도 실전은 또 다른 것이다. 게다가 용사들도 나보다 계급은 훨씬 낮았지만 나보다 아는 것들이 많았다. 부대의 위치부터 생활, 심지어 인사 규정들도 나보다 많이 알고 있었다.

이런 모든 것들이 스트레스였다. 여태까지 나는 학교라는 울타리 안에서 편하게 살았던 것이다. 온실 속의 화초처럼, 금이야 옥이야 자랐다. 갓 대학을 졸업한 애송이가 첫 사회생활을 시작하게 된 것이다. 잘하고 싶었지만 뜻대로 되지 않는 것들이 많은 것도 스트레스였다. 무엇 하나 자신 있게 할 수 없었다. 아는 것이 턱없이 부족했다. 그때 가장 먼저 선배에게 조언받은 것이 있다. 수첩을 들고 다니며 무엇이든 메모하라는 것이었다.

김창옥의 《당신은 아무 일 없던 사람보다 강합니다》를 읽었다. 나는 김창옥 작가를 유튜브를 통해 먼저 알게 되었다. 우연히도 유튜브에서 강연을 보게 되었는데 배꼽 빠지게 웃기는 사람이었다. 당시 아침에 웃으면서 하루를 시작하고 싶어서 매일 보게 되었다. 소위 현실웃음이 터질 때도 많아서 셔틀버스에서 크게 웃은 적도 있었다. 김창옥 작가 덕분에 정말 즐거운 마음으로 출근할 수 있었다.

그러던 어느 날 회사에서 김창옥 강사를 초빙한 적이 있었다. 그가 진행하는 특강은 점심시간에 열렸다. 나는 제일 앞에 앉았다. 예상대로 강연은 최고였다. 엄청나게 웃다가 마지막에는 아버지 이야기에 눈물을 흘리기도 했다. 나는 강연을 마치고 돌아가는 그를 따라 나가 책에 사인을 받고 악수를 했다. 그때가 처음으로 작가에게 사인을 받아본 것이었다. 나는 김창옥 강사에게 팬이라고도 전했다.

책은 강연보다는 확실히 임팩트가 약했다. 덤덤한 느낌이었다. 강약이 없는 문자로 된 콘텐츠라 확실히 재미도 반감되는 느낌이었다. 나는 책을 펴고 끝까지 읽어 나갔다. 유튜브 보듯이 편하게 읽었다.

밑줄을 긋거나 여백에 메모를 하지는 않았던 것이다. 책에 있는 내용에 공감하며 편하게 읽었다.

그런데 읽고 나니 머릿속에 남는 것이 없었다. 읽기는 다 읽었는데 정말 깨끗하게 증발한 것처럼 기억에 남는 것이 없었다. 조금 충격이었다. 내용도 좋고 공감도 많이 불러일으키는 책이었다. 그래서 읽고 나면 정말 많은 것들이 남을 책이라고 생각했었다. 그런데 실제로 읽어 보니 남는 것이 없었다. 당시에는 유튜브만 보다가 책을 읽었기 때문에 상대적으로 재미가 없어 기억에 없나 보다 싶었다. 그러나 다시 생각해 보니 그런 이유는 아니었다.

메모하는 것은 뇌에 자극을 주는 것과 같다

유튜브는 시청각 자료로 우리의 뇌에 강한 영향을 끼친다. 뇌는 모든 정보를 기억하지 않는다. 모든 것을 기억한다면 뇌가 너무 피곤할 것이다. 그뿐만 아니라 쉽게 지칠 것이다. 그렇게 중요하지 않은 내용들은 뇌가 기억하지 못하도록 자연스럽게 만들어진 것이다.

유튜브를 보다 보면 크게 웃는 경우가 있다. 그것은 바로 뇌에 충격을 주는 것이다. 혹은 강사가 강연을 정말 재밌게 하는 것이다. 이 두 경우는 뇌리에 많이 남는다.

메모한다는 것은 뇌에 자극을 주는 것과 같다. 평소에 책을 눈으로만 읽으면 뇌는 잘 기억하지 못한다. 왜냐하면 눈으로 보는 정보가 너무 많기 때문이다. 그런데 눈으로만 보던 책을 메모하며 읽으면 어떻게 될까? 뇌는 신선한 자극에 충격을 받는다. 그리고 그 충격을 기억하게 된다.

메모를 함으로써 기억을 하게 되는 것이다. 메모하지 않고 눈으로 깨끗이 보면 어떻게 될까? 깨끗하게 잊어버린다. 눈으로만 보고 모두 기억하는 사람을 나는 본 적이 없다. 하다못해 밑줄을 그어야 한다. 아니면 사색을 해야 한다. 그것도 아니라면 서평이라도 써야 한다. 네임태그 표시라도 해야 한다. 그렇게 뇌에 신선한 자극을 줘야 책에 대한 느낌이라도 기억에 남는 것이다.

책을 읽으면서 떠오르는 생각을 즉시 메모하라

퇴근 후에 주로 책을 읽던 나는 독서 습관을 조금 바꾸기로 했다. 첫 책을 출간하고 나서는 아침에도 집중해서 책을 읽기 시작했다. 그 첫 책이 바로 야마모토 노리아키의 《아침 1시간 노트》라는 책이다. 책은 아침 1시간을 잘 활용하면 얼마나 많은 것들을 해낼 수 있는지 이야기하고 있다. 실제로 작가는 아침 1시간을 잘 활용해서 세 가지 변화를 맞이했다고 한다. 하나는 회사원으로 일을 하면서 세무사에 합격한 것이다. 다른 하나는 개인 사무실을 낸 것이다. 마지막은 연봉이 3,000만 원에서 1억 원으로, 무려 3배나 상승한 것이다.

아침 1시간 노트를 마련해서 꾸준히 해야 할 리스트를 적는다. 이때 리스트는 반드시 꿈과 목표에 부합한 것이어야 한다. 실제로 작가가 했던 리스트는 이렇다. 독서 20분, 신책 10분, 영어신문 읽기, 하루

스케줄 정리, 어제 하루 반성하기, 자격증 시험공부, 블로그와 홈페이지 업데이트, 감사 편지 쓰기. 그리고 작가는 리스트들에 대해 실제로 했는지 안 했는지 동그라미와 엑스 표시로 기록해 가는 방법을 추천한다.

나는 이 책을 읽으면서 생각이 날 때마다 페이지 여백에 메모했다. 작가의 경우를 그대로 따라 할 필요는 없기 때문에 나에게 맞는 리스트는 무엇이 있을지 고민했다. 이때 고민만 하면 안 된다. 반드시 떠오르는 생각들을 각 페이지마다 메모해야 한다. 그래야 머릿속에만 있던 생각을 책에 정리할 수 있다. 메모를 하면 다음에 책을 반복해서 읽을 때 확인할 수 있다. 처음 책을 읽었을 때 어떤 생각을 갖고 있었는지 알 수 있다.

나는 아침을 상쾌하게 일어나는 법을 알려 주는 페이지의 여백에 메모를 많이 했다. 그동안 '아침에 일어나서 무엇인가 해야지'라는 생각을 계속 해 왔다. 그런데 막상 아침에 일어나려고 하니 그것이 참 어려웠다. 마침 저자가 아침에 상쾌하게 일어나는 법을 책에서 알려 줬다. 저자가 적은 방법을 나는 이렇게 바꿔서 내 삶에 적용해 봤다. 그렇게 상쾌하게 일어난 다음에 나는 1시간씩 꾸준히 책을 읽는다.

STEP 1. 화장실에서 용변을 해결하고 물 한 잔을 마신다 → 탈모
약을 먹는다
STEP 2. 세수를 한다 → 이를 닦는다

STEP 3. 바깥 공기를 마신다 → 창문을 활짝 연다

STEP 4. 가볍게 몸을 움직인다 → 이불을 갠다

STEP 5. 바로 일을 시작한다 → 나의 〈한국위닝독서연구소〉 카페
에 출석체크를 한다

이제 책을 볼 때 여백을 유심히 보자. 생각했던 것보다 많은 공간에 여백이 있다는 것을 알 수 있다. 이 여백이 텅텅 비도록 놔두지 말자. 메모한 만큼 남는 독서가 된다. 메모하지 않고 책을 읽으면 여백처럼 아무것도 남지 않게 된다. 책을 읽으면서 떠오르는 생각을 그때마다 바로 메모하자.

07

책 속의 책,
인용되는 책을 읽어라

사람들은 인생이 모든 것이라고 말하지만
나는 독서가 좋다.
– 로건 피어설 스미스 –

책 속의 책을 읽어라

중학교 시절의 나는 종합학원을 다녔다. 영어를 정말 못했던 나는 아는 영어단어도 별로 없었다. 아직도 기억난다. 학원 선생님께서는 신신당부한 것이 있다. 영어를 해석하다가 모르는 영어단어가 나오면 절대 영한사전으로 찾아보지 말라고 했다. 무조건 영영사전으로 찾아보라고 했다. 선생님께서는 영영사전으로 단어를 찾는데 모르는 영어단어가 나오면 그것도 영영사전으로 찾아보라고 했었다. 영영사전은 기초적인 단어라 그렇게 단어를 외우면 여러모로 좋다고 했었다.

그런데 나는 영어단어를 몰라도 너무 몰랐다. 모르는 단어가 나오면 끝도 없이 영영사전으로 찾아야 했다. 한 단어를 설명하는 문장에 모르는 단어가 2개, 3개 있기도 했었다. '모르는 단어가 1, 2개 정도 있었다면 계속 영영사전을 썼을까?'라는 질문을 스스로 해 본다. 당시 나는 하나의 모르는 단어를 찾으면 모르는 단어가 3개 정도나 나왔다. 그래서 영영사전을 활용하는 방법을 포기했다.

당시 외고나 과학고에 진학하려는 친구들은 대부분 영영사전을 활용했다. 영어단어를 외울 때도 영영사전을 활용하면 효과가 좋다는 것이다. 나는 고등학생이 되어서야 영영사전을 사용하게 되었다. 영어단어를 설명하는 문장 속에 있는 단어를 영어단어로 찾아서 외웠다. 같은 시간에 가장 효과적인 영어단어 암기공부였다.

나는 책 속의 책 읽기를 좋아한다. 책을 다 읽으면 표지 날개에 있는 추천 도서를 살펴본다. 나는 한 권의 책을 읽고 마음에 들면 추천 도서들을 모조리 사서 본다.

나는 매년 12월에서 2월 사이에 5일 정도 휴가를 낸다. 그리고 이때는 어디 가지 않고 무조건 집에서 그동안 읽고 싶었던 책을 왕창 읽는다. 주말을 포함하면 9일 정도의 시간이 있다. 오프라인 서점에 직접 가서 눈으로 보고 고르기도 한다. 때로는 온라인에서 구매하기도 한다. 당시 내 눈을 사로잡은 책이 있었다. 바로 김태광 작가님의 《반 꼴찌, 신용불량자에서 페라리, 람보르기니 타게 된 비법》이라는 책이었다.

제목만 봐도 궁금증을 불러일으키는 책이었다. 딱 보면 '도대체 반

꼴찌를 하던 사람이 어떻게 비싼 차들을 타게 되었을까?'라는 궁금증이 생긴다. 페라리, 람보르기니가 어떤 차인가? 하나에 몇 억씩 한다. 그것도 두 대나 타고 다니다니… 그리고 표지도 강력했다. 열정의 색, 빨강색에 페라리가 떡하니 있었다. 나는 나도 모르는 사이에 그 책을 샀다.

나는 단숨에 읽어 버렸다. 당시 나는 오랜만에 부모님과 강화도로 당일치기 여행을 갔었다. 여행 내내 이 책을 읽고 다녔다. 식당에 가서 식사가 나오기 직전까지 책을 읽었다. 그렇게 하루 만에 책을 읽었다. 정말 무언가에 머리를 한 대 맞은 느낌이 들었다. 그래서 '김태광 작가님의 책을 더 사서 읽어 봐야겠다'라는 생각을 했다. 인터넷으로 이름을 검색했다. 그런데 이게 웬일인가? 책이 많아도 너무 많았다. 나중에 안 사실이지만 집필한 책이 200여 권이나 되었다.

나는 그 많은 책 중에 골라서 읽어야 했다. 그래서 내가 선택한 방법은 읽었던 책에서 추천한 책들을 먼저 읽는 것이었다. 그래서 나는 4권의 책을 추가로 더 구매했다.《가장 빨리 작가 되는 법》,《하루 만에 끝내는 책쓰기 수업》,《성공해서 책을 쓰는 것이 아니라 책을 써야 성공한다》,《생산적 책쓰기》를 샀다. 그리고 이 책들을 내리 읽었다.

무슨 책을 읽어야 할지 고민인 독자분들은 이런 방법도 좋은 방법이다. 표지 날개에 있는 추천 책들을 읽는 것이다. 저자의 책들도 있지만, 같은 출판사에서 추천하는 다른 책들도 있다. 보통 비슷한 장르의 책들이 추천되는 경우가 많다. 장르에 따라 수직 독서, 수평 독서를 할 수 있다. 그러니 책을 더 읽고 싶다면 읽었던 책의 표지 날개를 살펴보는 것도 한 방법이 될 수 있다.

다른 방식의 책 속의 책 읽기

나는 책 속의 책 읽기 역시 좋아한다. 책을 읽다 보면 저자가 참고한 책이 무엇인지 알 수 있다. 저자가 자신의 책에 다른 저자의 책을 소개할 수도 있고, 또 다른 책을 추천할 수도 있다. 어떤 책의 내용을 인용할 수도, 참고했을 수도 있다. 이런 것들은 어떤 의미를 가질까? 그만큼 그 책을 읽었을 때 저자가 깨달은 바가 크다는 의미이다. 그래서 그런 책들은 이미 저자에 의해 검증된 책이라고 할 수 있다.

나는 한때 《논어》에 빠진 적이 있었다. 세상이 혼란스러울 때 자신의 철학을 굳세게 설파하고 다니는 공자가 선망의 대상이었다. 풍운아 같기도 하고 혁신가 같기도 했다. 그래서 나는 공자의 《논어》를 수십 번 읽었다. 한번은 너무 읽어서 책등 부분이 다 헤진 적도 있었다.

그래서 나는 같은 책을 사서 또 읽었다. 단 한 번에 이해하기란 어렵다고 생각했다. 그래서 몇 번이고 반복해서 읽은 것이다. 내가 《논어》를 이렇게 열심히 읽은 이유는 이전에 《맹자》와 《중용》을 읽었기 때문이다. 두 권의 책 모두 열심히 읽었다. 그런데 읽을수록 《논어》 이야기가 많이 나왔다. 그렇게 자연스럽게 《논어》를 읽게 되었다. 나중에 일고 보니 《논어》가 두 권의 책보다 먼저 쓰인 책이었다.

앞에서 말한 것처럼 나는 표지 날개에서 추천하는 책들을 읽기도 한다. 그리고 책 내용 중에 소개된 책을 읽기도 한다. 또한 책 속의 책 읽기를 다른 방식으로 이용할 수도 있다. 바로 책을 읽으면서 동시대를 묘사한 다른 책들을 읽는 것이다. 나는 이순신 장군을 존경한다. 그래서 한때 이순신과 관련된 책을 모두 구매해서 읽었다.

그중 단순한 사실만 나열된 책이 아닌 값진 책을 발견했다. 바로 장한식 작가의 《이순신 수국 프로젝트, 경제를 일으켜 조선을 구하다》라는 책이다. 이 책은 다각도에서 입체적으로 이순신의 삶을 분석했다. 특히, '국가의 지원이 없는 상태에서 전쟁을 어떻게 이끌어 갔을까?'라는 질문에 대한 답하는 책이었다. '막대한 돈과 물자가 필요한 전쟁에서 그 많은 비용을 어떻게 충당했을까?' 한 번도 가져본 적이 없는 질문이었다. 이 책을 통해 이순신 장군은 전쟁뿐만 아니라 경제도 함께 책임졌던 장군이라는 것을 알게 되었다.

그리고 좀 더 다채로운 시각에서 임진왜란을 재조명하기 위해 다른 책을 찾아봤다. 그렇게 나는 유성룡의 《징비록》이라는 책을 읽게 되었다. 《징비록》을 읽으면서 정말 생생하게 묘사한 당시 상황을 알게 되었다. 그리고 이순신이 남쪽에서 고군분투할 때 조정은 어떤 상황이었는지도 알게 되었다.

다양한 각도에서 입체적으로 책 읽기

다양한 책을 읽는 것은 분명 도움이 된다. 하지만 책 속의 책을 읽으면 또 다른 깨달음을 얻을 수 있다. 표지 날개에 있는 작가의 다른 책들을 읽는 것도 한 방법이다. 출판사의 추천 책을 읽는 방법도 있다. 또한 책의 내용 중 작가가 인용한 책을 읽거나 동시대를 다른 각도에서 조명하는 책을 읽을 수도 있다. 책 속의 책을 읽어 보자. 다양한 각도에서 입체적으로 책을 읽을 수 있다는 것을 알게 될 것이다.

08

서평 쓰는
습관을 들여라

어떤 주제에 대한 지식을 정리하기 위해서는
먼저 책을 읽고 관련 분야의 전문가를 만나고 생각을 충분히 하는 과정이 필요하다.
여기에 한 가지를 더한다면 그것은 바로 글쓰기다.

– 공병호 –

서평 쓰는 습관을 들이는 것이 중요하다

대학교 ROTC 2년 차 시절의 일이다. 당시 ROTC 후보생들은 나라
로부터 한 달에 5만 원씩 지원을 받았다. 정확한 명칭은 기억나지 않
지만 책을 읽고 자기계발을 하라는 취지였다. 때문에 지정된 도서를
읽어야 했다. 그리고 독후감을 제출해야 했다. 독후감은 워드 출력물
이 아닌 자필로 제출했다. 당시 나는 책 읽기를 좋아하긴 했지만 숙
제처럼 받은 독후감은 정말 쓰기 싫었다. 이제야 말하지만 거의 인터
넷에 있는 내용을 필사하는 수준으로 썼다.

대부분의 사람들은 독후감을 어떻게 써야 하는지 잘 안다. 내용
을 정리하고 느낀 점을 쓰는 것이다. 그런데 우리는 서평을 어떻게 써

야 하는지 배운 적이 없다. 독후감과 서평은 도대체 어떤 차이가 있을까? 쉽게 생각하면 둘의 차이는 누구를 만족시키느냐에 달렸다. 독후감은 자기만족을 위한 글이다. 그저 책을 읽고 느낀 점만 적어도 충분하다. 하지만 서평은 남을 만족시키는 글이다.

서평은 서론, 본론, 결론으로 작성한다. 서론에서는 내가 이 책을 왜 읽었는지에 대해서 설명하면 된다. 본론에서는 내용을 요약하면 된다. 그리고 결론에서는 나의 생각, 느낌 등으로 정리하면 된다. 특히, 결론에는 책에 대한 자신만의 평가가 들어가는 것이 좋다. 부정적인 평가도 좋다. 꼭 긍정적인 평가를 써야 할 필요는 없다.

나도 처음에는 책을 읽고 좋았던 점만 썼다. 부정적인 평가를 쓰면 나에게 별 도움이 되지 않는다고 생각했다. 하지만 이제 와서 생각해 보면 더 도움이 되는 것은 부정적인 평가다. 부정적인 평가를 썼다는 것은 책을 읽을 때 저자가 말하는 대로 따라가지 않았다는 이야기다. 이렇게도 생각해 보고 저렇게도 생각해 봤다는 것이다. 때로는 앞에서, 뒤에서, 위에서, 아래에서 다양한 측면에서 책을 분석했다고 할 수 있다.

막상 내가 말한 방법으로 쓰려고 하면 조금 어렵게 느껴질 수도 있다. 하지만 걱정하지 말자. 일단 쓰고 보자. 어차피 누구에게 평가받는 것도 아니다. 오히려 내가 책을 평가하는 것이다. 일정한 형식이 있기는 하지만 얽매이지 않아도 된다. 그래서 일단 써 보는 것이 중요하다.

독서와 마찬가지로 서평 역시 습관을 들이는 것이 중요하다. 일단 책을 읽고 무조건 짧게라도 서평을 써 보자. 그러면 점점 서평의 구색을 맞춰 나갈 것이다. 일단 시작하고 부족한 부분은 채워 나가면 된다. 처음부터 완벽하게 하려고 하니 주저하게 되는 것이다.

서평 쓰는 세 가지 방법

서평 쓰기가 낯선 이들을 위해 나는 다음과 같은 세 가지 방법을 추천한다.

첫째, 인터넷 서점에서 서평을 써 보자.

요즘 대부분의 사람들은 오프라인보다는 온라인 서점에서 책을 구매한다고 한다. 온라인 서점을 이용하면 할인, 행사 등등 여러모로 장점이 많다. 일단 시간을 아낄 수 있다. 오프라인 매장까지 가려면 많은 시간을 할애해야 한다. 그리고 가서도 책이 있는 곳까지 찾아가야 한다. 결국 이래저래 시간을 버리게 된다.

반면 온라인 서점은 오늘 구매하면 다음날에 받을 수 있을 정도로 총알배송을 해 준다. 나 역시 구매하는 책의 95% 정도는 온라인 서점에서 구매한다. 내가 오프라인에서 책을 구매할 때는 보통 두 가지 경우가 있다.

하나는 부서의 추천도서를 고를 때다. 추천도서를 고르려면 서점에 가서 전체를 스윽 읽어 보고 추천하는 것이 마음이 편하다. 책을 보지 않고 남에게 추천하는 것은 말이 안 된다. 다른 하나는 지금 당장 내가 책을 보고 싶을 때이다. 하루도 못 참겠는 책은 바로 서점으로 가서 구매한다.

이런 경우를 제외하고는 나는 항상 온라인에서 구매한다. 온라인이 편하기도 하고 접근성도 용이하다. 온라인에서 책을 보고 서평을 쓰면 포인트도 받을 수 있다. 게다가 제일 처음 서평을 쓰면 더 많은 포인트를 얻을 수 있다. 서평을 쓰면서 나의 생각을 정리하고 돈으로 환전할 수 있는 포인트까지 받는 것이다. 필력도 높이고 포인트도 받고. "꿩 먹고 알 먹는다."라는 말은 이런 때를 두고 말하는 것이 아닐까?

게임하듯이 포인트를 쌓아 가는 것이 재미있다. 어차피 책을 읽고 서평을 쓰기로 마음먹었다면 인터넷 서점의 리뷰와 서평을 써 보는 것을 추천한다. 적은 포인트 같지만 한 권이 열 권이 된다. 그렇게 포인트도 점점 불어나게 된다. 나 역시 인터넷 서평은 올해 4월부터 처음 쓰기 시작했다. 김이슬 작가의 《주식투자 이렇게 쉬웠어?》와 김태광 작가님의 《내가 100억 부자가 된 7가지 비밀》이라는 책부터 시작했다. 지금 이 책을 읽는 여러분도 다 읽고 나서 YES24, 교보 온라인 서점에서 서평을 써 보면 어떨까?

둘째, SNS 혹은 블로그에 서평 쓰기를 해 보자.

온라인 서점에서 서평을 쓰면 포인트를 받을 수 있어서 좋다. 그런데 온라인 서점에서 서평을 쓰면 아쉬운 점이 있다. 바로 다시 찾아보기 어렵다는 것이다. 또한 다른 사람과 소통할 수 없다. 그래서 서평을 쓰고 끝난다. 나는 이러한 아쉬운 점을 메꾸기 위해 추천하는 방법이 있다. 독자분들이 운영하는 SNS나 블로그에 서평을 쓰는 것이다.

책 사진을 찍고 해시태그로 저자명, 책 제목을 필수로 넣는다. 그리고 온라인 서점에서 썼던 서평 그대로 쓰면 된다. SNS에 올리면 지인들과 소통할 수도 있다. 블로그에 글을 쓰면서 차곡차곡 쌓여 나중에는 큰 자료가 된다. '나중에 해야지' 하고 생각하면 나중에 가서도 못한다. 지금 당장 해야 한다. 이 책을 읽고 바로 해 보자. 해시태그는 이렇게 해 보자.

#정소장 #몸값높이는독서의기술

셋째, 내가 운영하는 〈한국위닝독서연구소〉 카페에 가입해서 서평을 써 보자.

공부를 잘하려면 공부를 잘하는 친구들과 어울려야 한다. 부자가 되려면 부자들과 어울려야 한다. 잠시 눈을 감고 생각해 보자. 내가 평일, 주말에 만나는 사람들은 누구인가? 그리고 그들은 나와 비슷한 능력, 재산, 학력 등등 공통점이 있는가?

독서를 좋아하고 서평을 쓰는 사람들과 함께하면 어떻게 될까? 자연스럽게 독서하고 서평을 쓰게 된다. 그런 사람들이 모인 곳이 있다. 바로 내가 운영하는 〈한국위닝독서연구소〉다. 이곳에 가입해서 뜻을 같이 하는 사람들과 즐겁게 책을 읽어 보자. 꾸준히 열심히 하는 회원들을 보면 동기부여를 받을 것이다. 하지 않으려고 하다가도 다른 사람을 보고 자극을 받아 독서를 하고 서평을 쓰게 될 것이다.

지금 시작하지 않으면 나중은 없다

책만 읽고 끝내서는 안 된다. 서평을 써야 한다. 서평은 단순 독후감과는 조금 다르다. 책에 대한 나의 평가가 들어가야 한다. 어떻게 써야 할지 막막해도 두려워하지 말자. 일단 쓰고 보자. 쓰면서 형식이나 내용을 바꾸면 된다. 다음 책의 서평을 쓸 때 좀 더 신경 써서 쓰면 된다. 지금 시작하지 않으면 나중에도 시작하지 못한다. 서평 쓰기, 지금 당장 시작해 보자.

PART 5

아침 독서가
인생의 차이를
만든다

책을 읽는
인생이 행복하다

대학에서 얻은 지식은 대단한 것이 아니다.
사회인이 되어서 축적한 지식의 양과 질, 특히 20, 30대의 지식은 앞으로의
인생을 살아가는 데 결정적인 역할을 하는 중요한 것이다.
젊은 시절에 다른 것은 몰라도 책 읽을 시간만은 꼭 만들어라.
— 다치바나 다카시 —

행복을 이루는 요소

행복이란 무엇일까? 행복이란 사랑하는 사람들과 즐겁게 지내는 것이라고 말하는 사람들이 있다. 또 다른 이들은 행복은 좋은 사람들과 좋은 추억을 만들어 가는 것이라고 한다. 각자 행복에 대한 정의가 다를 것이다. 그런데 우리는 이런 병에 걸린 것 같다. 무엇이든 'A는 B이다'라고 정의 내리는 병 말이다. 복잡한 세상이라서 그런 것일까? 우리는 어떤 단어를 정의 내리고 싶어 한다. 이는 간단하게 이해하고 싶어 하는 것일지도 모른다.

사실 행복을 정의하기 위해서는 행복을 이루는 여러 요소들을 알아야 한다. 그런데 행복을 이루는 요소들이 어디 한두 가지인가? 행

복은 한두 마디로 정의 내릴 수 없다. 그러나 우리는 행복이 무엇인지 감각적으로는 안다. "지금 행복해?"라는 질문에 "행복해." 혹은 "행복하지 않아."라고 말할 수 있다. 감각적으로는 아는 것이다. 가끔 "잘 모르겠다."라고 말하는 사람이 있다. 그건 행복한 것은 아니라는 의미다. 행복하면 "정말 행복해!"라고 자신 있게 말할 수 있다. 억지가 아닌 마음에서 우러나오는 행복 말이다.

독서와 행복을 연결시켜 생각하게 된 계기

내가 독서와 행복을 연결시켜 생각하게 된 계기가 있다. 대학교 시절에 나는 필수교양수업을 3~4개 정도 들었다. 그중에서 내가 제일 기억나는 것은 '긍정 심리학'에 대해서 다루는 강의였다. 정확한 강의명은 기억나지 않는다. 하지만 어떤 내용이었는지는 정확히 기억난다. 교수님께서는 《마틴 셀리그만의 긍정 심리학》에 관한 내용으로 수업을 했다.

전통적인 심리학은 마이너스인 상태를 '0'으로 만드는 것이라고 했다. 이런 전통적 심리학은 세계 대전 이후에 많이 발전했다고 했다. 긍정 심리학이라는 것은 '0'에서 '+'로 만드는 심리학이라고 했다. 기존의 심리학에서는 '0'에서 '+'로 가는 데는 관심이 없었다. 확실히 긍정 심리학은 전통적 심리학에 비해서는 마이너한 분야다.

그 강의는 천성적으로 긍정적 성향을 가지고 있는 나에게 매우 흥미로웠다. 사실 이 과목을 통해 내가 긍정적인 마인드의 소유자라는 것을 더욱 확신하게 되었다. 그리고 매사에 감사함을 느끼는 것을 알게 되었다. 긍정 심리학에서는 자신이 못하는 것을 과감히 포기하라고 했다. 대신 내가 잘하는 부분을 더 잘할 수 있도록 하라고 했다. 즉, 강점을 더욱더 강점으로 만들라는 것이다.

그래서 나는 이 두 가지 강점을 최대화하기 위해 감사일기를 쓰기 시작했다. 감사일기를 쓰면서 감사함을 표현하고 긍정의 마인드를 더욱더 발전시킬 수 있었다. 그 후로도 나는 계속해서 감사일기를 쓰고 있다. 매일 하루를 돌아보며 소소한 것들에 감사를 표한다. 처음에는 10개를 의무적으로 썼는데, 지금은 30개 정도씩 쓰게 된다. 정말 소소한 것들에 감사를 표한다. 예를 들면 이런 것이다. "아침에 따뜻한 방에서 일어날 수 있어 감사합니다.", "오늘 하루도 잘 마무리하고 잘 수 있어서 감사합니다." 등등.

태어나서 처음으로 학교에서 배우는 강의 중에 유익하다고 생각했다. 그 후로 나는 모든 후배들에게 이 과목을 추천해 줬다. 대학교뿐만 아니라 삶 전체에 있어서 그만큼 영향을 주는 강의는 없을 것이라고 강조했다. 대부분의 후배들은 이 강의를 열심히 잘 들었다. 그리고 정말 좋은 강의라고 나에게 다시 말해 줬다. 다시 생각해도 대학교 5년 동안 배웠던 것 중 제일 잘 배웠다고 생각하는 것은 '긍정 심리학'이다.

태어나서 처음으로 교과서임에도 불구하고 재미있고 유익한 교과서가 있다는 사실이 놀라웠다. 그리고 책을 읽고 나서 깊은 감명을 느낀 적은 처음이었다. 책을 읽고 '이렇게 즐거울 수가 있구나…'라고 처음 생각하게 된 순간이었다. 그뿐만 아니라 '독서를 통해서도 행복을 느낄 수 있음'을 알게 되었다. 당시에는 싸이월드 시대였다. 나는 매일 감사일기를 썼다. 내 싸이월드는 행복으로 가득했다. 주위 친구들 역시 내 싸이월드만 들어오면 덩달아 신이 난다고 했다. 주인이 기쁘고 행복하니 SNS에서도 그 기운이 느껴지는 것이었다.

이때 나는 왜 행복을 느꼈을까? 처음으로 어떤 지식을 알게 되어서였을까? 물론 새로 배운 것도 있다. 하지만 결정적으로 내가 행복을 느낀 이유는 바로 나 자신을 알게 되었기 때문이다. 내가 어떤 사람인지 돌이켜 봤다. 내가 누구인지 나 스스로 고민해 볼 수 있는 기회였다. 그리고 나는 긍정적이고 매사에 감사한 사람이라는 것을 알게 되었다. 나를 알게 된 것만으로도 정말 행복했다. 당시의 나의 행복감은 이루 말할 수 없었다. 표현하기 어려울 정도로 말 그대로 행복했다.

독서가 일상이 된 지금

2018년 나는 한때 독서와 담을 쌓았었다. 직장인 6년 차의 사춘기였을까? 왜 그랬는지 나도 모르겠다. 당시 나는 시간을 때우며 하루를 보내고는 했다. 미친놈이다 싶을 정도로 손에서 스마트폰을 놓지 않았다. 나는 스마트폰으로 주로 두 가지를 했다. 하나는 웹툰을 보는 것이었고, 다른 하나는 포켓몬스터 관련 게임을 하는 것이었다.

웹툰은 월별로 정해진 만화이기 때문에 보는 데 한계가 있다. 여러 개를 봐도 나에게 재미없으면 안 보게 된다. 나는 하루에 적어도 5개, 많으면 10개까지 웹툰을 봤다. 그런데 문제는 게임이었다.

나는 〈트레이너 리그〉라는 게임을 했다. 현금도 500만 원 정도를 사용했다. 아침에 눈만 뜨면 게임을 했다. 셔틀버스에서도 게임을 했다. 지금에서야 말하지만 회사 화장실에서도 조금만 시간이 있으면 단 몇 분이라도 게임을 했다. 심지어 일명 '정모'라고, 게임하는 사람들끼리 토요일에 만나서 게임을 하기도 했다. 당시 여자친구를 만날 때도 몰래 게임하느라 힘들었다. 대부분의 여자친구들이 그렇듯 남자친구가 게임하는 것을 안 좋아했다.

그러던 내가 다시 독서의 길로 접어들었다. 나의 평일 하루 일과 중 독서하는 시간은 이렇다. 아침에 일어나자마자 1시간 독서를 한다. 출근길 버스에서도 독서를 한다. 퇴근길에서도 독서를 한다. 그리고 집에 와서도 약 1시간 정도 독서를 한다. 마지막 자기 직전에 30분 정도 독서를 한다.

게임을 하거나 웹툰을 보며 무의미하게 시간을 보냈던 2018년이 아쉽다. 하지만 아쉬워만 할 수는 없다. 그때 아쉬운 만큼 지금은 더욱 열심히 독서를 하고 있다. 나는 그 어느 때보다 행복하다. 하루 중 행복한 시간이 더 많다는 이야기다. 이 모든 것은 독서 덕분이다.

순간의 행복은 웹툰을 보고 게임을 하는 것이 독서하는 것보다 더 클지도 모른다. 하지만 인생 전체로 놓고 생각해 보자. 과연 40대, 50대, 60대가 되어서 되돌아보면 어떻게 생각할까? 웹툰과 게임을 하던 과거를 되돌아보며 '아, 행복했다. 진짜!'라고 생각할까?

독서가 일상이 된 지금, 나는 행복하다. 그리고 미래에도 행복할 것임을 확신한다. 독서를 통해 만나게 될 새로운 세계, 나 그리고 지혜들은 나를 더욱 행복하게 한다.

아침 독서로
하루를 시작하라

지금 잠을 자면 꿈을 꾸지만
지금 공부하면 꿈을 이룬다.

─ 하버드 대학교 도서관 ─

어떤 독서를 하느냐에 따라 미래가 달라진다

최근 안동의 한 농부와 이야기할 수 있는 기회가 있었다. 그 농부는 새벽같이 일어나서 매일 자정까지 농사를 짓는다고 했다. 나는 직장인이라 농사에 대해 전혀 모른다. 농업적 근면성이라는 말은 근면 성실을 표현할 때 쓰는 단어로 알고 있을 뿐이었다. 특히 아침 일찍 일어나서 늦게 퇴근하는 직장인들을 표현할 때 썼던 기억이 있다. 하지만 실제로 농사라는 것이 그렇게 온종일 시간을 투자해야 하는지는 몰랐다. 그 농부가 한 말이 너무 좋아서 기억난다.

"죽은 씨앗은 아무리 물을 주어도 싹을 낼 수 없지만, 생명이 있는 씨앗은 썩은 땅에서도 반드시 싹을 내고 꽃을 피우고 열매를 맺습니다."

우리 안에는 모두 '나'라는 살아 있는 씨앗이 있다. 이 씨앗은 어떤 독서를 하느냐에 따라 큰 나무가 될 수도 잡초가 될 수도 있다. 다만 이 씨앗은 절대 죽지 않는다. 물을 주기만 하면 언제든 살아난다. 즉, 독서를 하면 언제든 '나'라는 씨앗을 새싹으로 거듭나게 할 수 있다는 것이다. 그리고 제대로 된 독서를 통해 그 새싹이 잡초가 아니라 큰 나무가 되게 할 수 있다. 씨앗은 아침에 물을 먹어야 성장한다. 아침에 마신 물로 하루 동안 무럭무럭 자라는 것이다. '나'라는 씨앗도 아침 독서를 통해 성장하고 자랄 수 있다.

속단하면 그대로 성장을 멈춘다

2018년에 나는 매일 아침 5시에 일어났다. 바로 〈트레이너 리그〉라는 포켓몬스터 게임을 하기 위해서였다. 이 게임은 매일 아침 5시에 업데이트가 되었다. 그때마다 좋은 포켓몬을 구매할 수 있었다. 나는 조금이라도 좋은 포켓몬을 더 빨리 사고 싶었다. 사실 조금 늦게 산다고 해서 내가 손해 보는 것은 없었다. 그래봤자 1~2시간 차이였다. 그럼에도 불구하고 나는 눈을 뜨자마자 스마트폰을 켰다. 그리고 게임을 했다. 당시 같이 게임을 하는 온라인 친구들도 있었다. 카카오톡 오픈 채팅방으로 수시로 대화했다. 나는 5시에 항상 업데이트 내용을 가장 먼저 알려 줬었다.

내가 왜 그렇게 게임에 미쳐 있었을까? 당시 나는 나의 미래를 속단하고 있었다. 나 스스로를 잡초라고 생각했다. 그저 전 세계에 많고 많은 직장인 중 한 명이라고, 선배들을 보면서 나의 미래라고 생각했다. 나의 미래가 눈에 훤히 보였다. 미래를 알고 있으니 열심히 살 이유를 못 찾았다. 아무리 열심히 살아도 회사라는 공간에서 벗어나는 삶을 살 수 없다고 생각했다. 그래서 당장 눈앞의 즐거움만 찾고 있었다. 그 즐거움이 나에게는 스마트폰 게임이었다. 그 게임에 미친 듯이 몰입했다.

이때 나는 '나'라는 씨앗에 게임이라는 물을 주고 있었다. 과연 내가 '게임'이라는 물을 마시고 성장했을까? 1년간 미친 듯이 게임해 본 결과, 절대 아니라고 말할 수 있다. '나'라는 씨앗은 여전히 살아 있는 씨앗이었다. 하지만 내가 자라는 데 필요한 물이 게임은 아니었다. 나는 그대로 성장을 멈추고 있었다.

단지 지금 당장 좋은 게임을 하고 있었던 것이다. '나'라는 씨앗이 큰 나무가 될 것이라고 생각하지 않았다. 그냥 잡초로 자랄 것이라고 속단해 버렸다. 난 그저 바람 불면 바람 부는 대로 쓸려가는 인생을 살 것이라고 낙담했었다.

'나'라는 씨앗에 독서라는 물을 주자

6월 말에 읽었던 책이 있다. 아침에 일어나자마자 책을 읽었다. 내

생에 이런 책은 처음 읽어 봤다. 사토 도미오 작가의 《지금 당장 롤렉스 시계를 사라》라는 책이다. 이 책은 이미 절판되어 오로지 중고 거래로만 구입할 수 있다. 여기서 신기한 것은 가격이다. 책의 정가는 12,000원인데 9만 원에서 13만 원 사이로 형성되어 있다. 이 사실만으로도 책을 당장 구매하기에 충분했다. 나는 바로 온라인 중고 서적에서 두 권을 구매했다.

이 책은 여느 자기계발서와는 다르다. 돈을 버는 방법에 대해 이야기하지 않는다. 오히려 돈을 버는 법보다는 돈을 어떻게 잘 써야 하는지를 이야기한다. 보통 사람들은 돈을 악착같이 벌어서 한 푼도 안 쓰려고 한다. 심각하게 절약한다는 말이다. 그런데 이 작가는 돈을 엄청나게 썼다.

하지만 분명한 원칙이 있었다. 가슴이 두근거려야 한다는 것이다. 이것이 낭비와는 다른 점이다. 낭비는 원칙 없이 마구 쓰는 것을 말한다. 원칙 없이 쓰는 것은 돈을 얼마나 쓰는지에 상관이 없다. 적은 돈이든 많은 돈이든 원칙 없이 쓰는 것은 모두 낭비다. 작가는 욕망이 이끄는 대로 돈을 썼다. 고급 차량을 타면서 본질적인 욕망을 채웠다. 그리고 남에게 베풀면서도 기쁨이라는 욕망을 채웠다. 그것이 그를 부로 향하게 만들었다고 한다.

책에서 작가는 본질적인 욕망을 구분하는 방법으로 쉬운 비유를 통해 설명한다.

하나는 엄청나게 값비싼 외제차를 보고 드는 생각이다. '와, 저런

차 한번 타보고 싶다.' 다른 하나는 10,000,000,000원짜리 수표를 보고 드는 생각이다. 0의 개수를 세어 보고, '100억이구나. 와, 큰돈이다'라고 생각하는 것이다. 이는 계산된 욕망이다. 본질적인 욕망은 전자와 같은 욕망이라고 한다.

생각해 보면 나도 욕망을 따라 차량을 구매하려고 했던 적이 있다. 바로 벤츠 E클래스 검은색 차량이다. 이유는 없었다. 나는 차량의 스펙들에 대해서 잘 몰랐다. 그저 엔진이 긴 세단 형태의 그 차가 좋았다. 앞에 박힌 엠블럼도 큰 역할을 했다. 실제로 강남 전시장에 가서 시승도 해 봤다. 시승을 하니 더욱 사고 싶었다. 구매할 수 있는 충분한 돈이 있음에도 불구하고 나는 또 욕망을 참았다. 결국 그 차량을 구매하지 못했다.

책을 읽고 나는 돈을 쓰는 습관과 마인드를 되돌아봤다. 과연 나의 본질적인 욕망을 채운 적이 있는가? 항상 참고만 있지는 않았는가? 나는 많이 참았던 것 같다. 장교생활로 모은 돈, 삼성전자라는 대기업에서 모은 돈을 나는 제대로 쓴 적이 없다. 항상 모으려고만 했다. 그러니 부가 따라오겠는가? 그저 착실히 적금과 예금만을 했던 것이다.

나는 책을 읽고 돈을 어떻게 써야 되는지 의식을 바꾸게 되었다. 출근하는 내내 나의 과거를 돌아봤다. 앞으로 돈을 어떻게 써야 되는지도 생각해 보았다. 이렇게 부자들의 사고와 습관을 책을 통해서 계속 배우고 있다. 그들의 사고와 습관을 배우고 내 삶에도 적용하고 있다. 자신의 의식을 바꾸는 일이 얼마나 어려운 일인가? 특히 나이가 들면 들수록 말이다. 하지만 아침에 맑은 정신으로 책을 읽으면서 의식이 점점 바뀌는 나를 발견한다.

아침에 일어나자마자 게임을 하던 과거와는 달리 요즘은 독서를 한다. 항상 1시간은 책을 읽고 회사로 출근한다. 예전 같으면 상상도 못했을 일이다. 하지만 요즘 출퇴근 시간이 자유롭게 되면서 아침에 독서를 할 수 있는 시간이 충분히 확보되었다. 아침에 독서를 하고 8시 반쯤 출근하면 기운이 충만해진다. 내 삶에 대해서 그리고 나의 성장에 대해서 끊임없이 질문할 수 있게 된다. 당신도 나처럼 '나'라는 씨앗에 독서라는 물을 주면서 아침을 시작해 보길 권한다.

아침 1시간 독서가
중요한 이유

시간과의 싸움에서 이기지 않으면
절대 인생을 지배할 수 없다.

― 김태광 ―

흔들리지 않는 기준을 세워라

한창 SBS 드라마 〈뿌리 깊은 나무〉가 방영되던 때, 나름 세종대왕을 존경하는 팬으로서 그 드라마를 보지 않을 수 없었다. 최고 시청률 25.4%까지 올라갔던 드라마다. 극 중 세종대왕을 맡은 배우 한석규 씨의 연기는 일품이었다. 특히 수많은 대사 중 "지랄하고 자빠졌네."는 한동안 유행어였다.

이 드라마의 제목인 〈뿌리 깊은 나무〉는 《용비어천가》 2장 첫 구절인 '불휘 기픈 남간'에서 따온 것이다. 당시 조선시대 지식인들인 사대부는 조선의 뿌리는 자신들이라고 생각했다. 유학에 기본한 나라이니 당연히 그럴 것이다. 내가 생각한 세종대왕은 뿌리를 사대부라

고 생각하지는 않은 것 같다. 어디 나와 있는 것은 아니지만 나의 개
인적 견해는 당시 사대부들과는 다르다. 아마 세종대왕은 조선의 뿌
리는 백성이라고 생각한 것으로 보인다. 그래서 훈민정음까지 만들게
된 것이 아닐까?

어찌 되었든 사대부는 사대부 나름대로 뿌리를 깊이 박았다. 세종
대왕은 세종대왕대로 뿌리를 깊이 박았다. 무엇이 옳다, 그르다는 판
단하는 사람들의 몫이다. 내가 여기서 이야기하고 싶은 것은 그들에
게는 흔들리지 않기 위한 분명한 기준이 있었다는 것이다. 그들은 그
들 나름대로의 기준이 있어 흔들리지 않았다. 자신들이 생각하는 정
치적 이념을 펼쳐간 것이다. 물론 정치의 기본인 본인들의 생존이 제
일 중요하겠지만 말이다. 그들처럼 우리도 흔들리지 않기 위해 나의
기준을 세워야 한다. 뿌리 깊게 나를 세워야 한다.

기준이 없다면 상황에 맞춰 생각하게 된다

2014년의 나는 정말 생각 없이 일했다. 회사에 막 취직한 상태였
다. 나는 채용T/F팀에 배정되어 채용 관련 일을 했다. 동기는 총 10명
으로, 우리의 업무는 선배들의 일을 보조하는 것이었다. 당시 업무 강
도가 최고로 높은 시점은 면접 시즌이었다. 왜냐하면 물리적으로 투
입된 시간 자체가 많았기 때문이다.

당시 전임자들에게 인수인계를 받는 기간이 있었다. 그러나 나는
100% 완벽하게 인수인계가 된 상태에서 투입된 것이 아니었다. 그러

다 보니 빈틈이 많았다. 면접자들은 아침 7시 정도면 왔다. 그래서 준비하는 사람들은 그보다 1시간은 일찍 와야 했다. 면접은 보통 저녁 6시쯤이면 끝났다. 면접이 끝나면 다음날 면접을 준비해야 했다. 그렇게 하루 업무는 대략 밤 11시쯤이면 끝났다. 그렇게 약 2주 정도 일을 했다.

서울에 있는 집에서부터 화성에 있는 회사까지 출퇴근을 해야 했기 때문에 아침 6시까지 출근하는 것은 무리였다. 그래서 2주 기간만 회사 기숙사를 사용하기로 했다. 그렇게 며칠 동안 똑같은 일과가 반복되었다. 같이 기숙사를 사용하던 동기와 아침에 한 이야기가 기억난다.

"아, 퇴근하고 싶다."

동기와 나는 이 말을 자주 했다. 그리고 이 말을 하는 시점이 점점 앞당겨졌다. 처음에는 출근하고 나서 일을 시작할 때 이 말이 나왔다. 그러다 점점 시간이 지나면서 회사 정문에 들어서면서부터 "아, 퇴근하고 싶다."라고 말했다. 심지어 막바지에는 아침에 일어나자마자 말했다. 아침에 일어났는데 퇴근하고 싶다고 말이다. 말해 놓고도 우리는 어이가 없어서 웃고 말았다.

아무리 몸이 힘들다고 이런 말이 나올까? 이렇게 생각 없이 회사를 다녔던 것은 나를 세우는 기준이나 원칙이 없었기 때문이다. 당시 몸이 조금 힘들어졌다고 책을 읽지 않았다. 그렇다 보니 사는 대로 생각하게 되었다. 내가 겪고 있는 지금의 상황에 맞춰 생각하게 되는 것이다. 힘드니까 힘들다는 생각만 하게 되었다. 미래에 대한 고민이라든지 나의 삶에 대한 질문은 하지 않았다.

아침에 하는 생각과 말버릇이 하루를 좌우한다. 당시 내가 일어나자마자 하는 말버릇은 "퇴근하고 싶다."였다. 하루가 어떻게 돌아갈지는 안 봐도 뻔하다. 그저 주어지는 일만 하며 살았다. 시키는 일만 했다. 그것도 잘했다면 또 모르겠다. 생각 없이 일을 하다 보니 사고도 많이 쳤다.

아침 1시간 독서로 나를 세우기

아침에 일어나서 독서를 열심히 하던 때가 기억난다. 당시 물리적 힘겨움은 앞의 이야기와 별반 다르지 않았다. 하나는 2014년 삼성 신입사원 연수 시절의 일이다. 다른 하나는 2012년 군대 시절 훈련할 때의 일이다. 그때 모두 하루에 몇 시간 자지 않았던 때다. 하지만 나는 항상 아침에 1시간씩 책을 읽었다. 나름의 생각을 정리하면서 하루를 시작한 것이다.

2014년 여름의 일이다. 당시 삼성 신입사원 연수는 그룹에서 진행되었다. 일명 'SVP'라고 부른다. 나는 실무라는 것을 해 본 적이 없는 새파란 신입사원이어서 '역시 삼성은 신입사원 교육부터 엄청 타이트하구나'라고 생각했다. 지금은 없어졌다고 하는데 그때까지만 해도 단체로 체조 내지 율동을 했다. 정규 교육 시간이 끝나도 팀별로 모여서 연습했다.

그렇게 땀까지 흘리며 숙소에 들어가면 새벽 1시가 되고는 했다. 과욕이 있던 날은 새벽 2시가 되기도 했다. 아침에는 8시까지 교육장에 가야 했다. 그때 나는 아침 6시에 일어나서 항상 1시간은 책을 읽었다. 그리고 식사를 했다. 당시 같은 방을 썼던 삼성물산에 다니는 동기 Y는 아직도 나만 보면 말한다. 독한 놈이라고.

책을 읽으면서 나는 미래를 디자인했다. 나의 꿈을 정리했다. 앞으로 어떻게 살아야 할지 스스로에게 질문을 했다. 그리고 지금 나의 위치에서 무엇을 해야 하는지도 고민했다. 그렇게 스스로를 세워 갔다. 나를 세우니 지금의 위치에서 무의미하게 살 수 없었다. 교육 기간 동안 열심히 참여하게 되었다. 상식적으로 너무 피곤해서 책을 안 읽는 것이 덜 피곤하다고 생각할 수 있다. 하지만 잠은 줄이고 책을 읽음으로써 오히려 활기 넘치는 하루를 보냈다.

2012년의 군대에서의 일이다. 대부분의 남자들은 알 것이다. 군대에서 훈련을 나가면 매우 열악한 환경이라는 것을. 산에서 자면 몸이 얼마나 찌뿌둥한가? 흙먼지를 마시며 훈련을 하면 또 얼마나 피곤한가? 나는 소대장으로 군 복무했다. 용사들을 재우고 나서 간부들의 회의는 또 시작되었다. 그렇게 잠자리에 들면 자정이 넘은 시간이었다. 아침 6시 정도면 일어나야 했다. 그때도 나는 1시간 먼저 일어났다. 그리고 장 코르미에의 《체 게바라 평전》을 읽었다. 나는 저항운동의 상징, 게릴라전의 영웅 체 게바라에 흠뻑 빠져 있었다. 그가 전쟁 중에도 항상 책을 읽었던 것처럼 나 역시 훈련 중에도 책을 읽었다.

나는 체 게바라가 꿈을 이루기 위해 어떤 일들을 했는지 음미했다. 그리고 나 역시 나의 꿈에 대해 고민했다. 그리고 나름대로의 삶의 기준을 정했다. 일단 하루하루 상황에 충실하자는 결론을 내렸다. 그리고 취업 준비도 잘 해야겠다고 생각했다. 둘 다 포기할 수 없었다. 군대에서는 내가 해야 할 부분은 확실히 잘 매듭지어야 했다. 전역하고 나서의 삶도 잘 준비해야 했다. 그렇게 독서를 하며 마음을 다잡아 갔다. 결국 전역도 잘 하고 삼성전자에 바로 취업할 수 있었다.

독서 없는 아침은 나를 세우지 않는 하루가 된다. 나를 세우지 않는다는 것은 삶의 기준이 없다는 것이다. 나를 세우고 기준을 세워야 한다. 그래야 상황에 지배당하지 않는다. 독서를 통해 꾸준히 나 스스로에게 질문을 해야 내가 상황을 지배할 수 있다. 하루라는 상황을 지배하고 매일 성장하는 삶을 맞이하게 된다. 아침 1시간 독서를 통해 나를 세워 보길 바란다.

성공하는 사람들은
출근 전에 읽는다

성공한 사람이 될 수 있는데
왜 평범한 이에 머무르려 하는가?

– 베르톨트 브레히트 –

백만장자들에게는 아침 독서 습관이 있다

성공이란 무엇일까? 성공한 삶이란 무엇일까? 성공을 정의하는 것은 각자 다를 것이다. 나도 성공에 대해서 수많은 고민을 했다. '성공은 무엇이지?'라는 것에서부터 '꼭 성공한 인생을 살아야 하는 걸까?'라는 질문까지 다양했다. 지금 내가 생각하는 성공의 정의는 이렇다. 내가 좋아하는 일을 하면서 경제적, 시간적 자유를 얻는 것. 이것이 성공이라고 생각한다.

아무리 경제적, 시간적 자유를 얻었다고 해도 내가 좋아하지 않는 일을 하면서 스트레스를 받는 것도 성공한 삶이라고 보기 어렵다. 좋아하는 일을 하면서 시간의 자유를 얻었지만 경제적으로 궁핍하면 이 또한 성공한 삶이라고 보기 어렵다. 반대로 좋아하는 일을 하면서 경제적 자유를 얻었지만 시간적 자유가 없다면 이 또한 성공한 삶이라고 보기 어렵다. 나는 좋아하는 일, 경제적 자유, 시간적 자유 모두 이루어야 성공한 삶이라고 생각한다.

아마 이쯤에서 대부분 독사들은 '그런 사람이 어디 있어?'라고 생각할 것이다. 그런데 조금만 생각해 보면 우리가 다 아는 스티브 잡스, 빌 게이츠 등등 모두 이런 성공을 했다. 좋아하는 일을 하는 삶, 경제적 부를 누리는 삶 그리고 시간적 여유를 가질 수 있는 삶 말이다. 대한민국에는 〈한책협〉의 김태광 대표 코치가 있다. 이 책을 읽어본 독자분들은 최근 그의 자서전《내가 100억 부자가 된 7가지 비밀》을 반드시 읽어 보길 바란다. 성공한 삶이 무엇인지 스스로 생각해 보면 좋겠다.

우리는 성공한 사람들이 모두 책벌레였다는 사실을 알고 있다. 성공하면 떠오르는 사람들이 누가 있을까? 스티브 잡스, 빌 게이츠, 버락 오바마, 오프라 윈프리 등이 있다. 책을 읽지 않고 성공한 사람들은 도대체 누가 있을까? 찾기도 어렵다.

책벌레들은 특히 아침에 책을 읽었다는 사실을 알고 있는가? 투자계의 거물인 워런 버핏은 독서광으로 알려져 있다. 본인도 자신의 성공 요인이 독서 습관이라고 말할 정도다. 특히, 그는 아침에 일어나서 사무실에 가면 가장 먼저 자리에 앉아 책을 읽기 시작한다. 몇십

년간 아침 독서를 했다고 한다. 그동안 얼마나 많은 변화를 경험했겠는가!

할 엘로드, 데이비드 오스본 작가의 《미라클 모닝 밀리어네어》에서도 성공한 사람들은 아침 독서를 했다고 소개한다. 이 책은 백만장자들의 아침 습관 6가지를 알려 주고 있다. 특히 주목할 만한 점은 아침 독서다. 독서를 통해 지식은 물론 통찰과 전략도 배울 수 있다고 소개한다. 그뿐만 아니라 책을 읽음으로써 자신감을 키울 수 있는 것은 물론 대인관계를 개선하는 것 등 여러 가지를 할 수 있다고 한다.

그들은 왜 하나같이 아침 독서를 택했을까? 아침은 집중이 잘 되는 시간이다. 아침에 책을 읽으면 저녁에 책을 읽는 것보다 2배, 3배 효과가 있다. 막 잠에서 깨어난 뇌는 가장 건강한 상태다. 밤 동안에 충분한 휴식을 취한 뇌는 왕성한 활동을 할 수 있다. 게다가 업무나 다른 일로 방해받지 않는 시간이다. 온전히 몰입할 수 있다. 아침 시간을 활용해 성공한 사람들은 하나같이 아침을 최고의 시간이라고 말한다.

아침에 책을 읽는다는 원칙을 반드시 지켜라

나는 회사 근처에서 자취를 한다. 그래서 주말이면 아침 일찍 서울에 있는 부모님 집에 올라가곤 한다. 한번은 지하철 첫차로 올라간 적이 있다. 첫차라서 당연히 사람이 별로 없을 줄 알았다. 그러나 막상 지하철을 타니 아침 일찍부터 사람들이 많았다. 하마터면 앉지도 못할 뻔했다. 그때 나는 아침을 여는 사람들이 그렇게 많다는 것을 알고 깜짝 놀랐다. 그리고 주위를 둘러봤다. 대부분 눈을 붙이고 있었다. 그중에서 나를 포함한 3명만이 책을 읽고 있었다.

'나처럼 아침부터 책을 읽는 사람이 많구나…'라고 생각하며 또 한번 놀랐다. 그날 이후, 나는 무조건 아침에 책을 읽는다는 원칙을 지켰다.

나는 장교로 전역을 했다. 장교 전역자들은 동원 훈련을 한다. 동원 훈련이라고 하는 것은 2박 3일간 하는 훈련이다. 나는 훈련장을 근무했던 9사단 전차대대로 신청을 했다. 같이 근무했던 부사관들을 볼 수 있어서 좋았다. 그리고 무엇보다 일산이라는 멀지 않은 곳이라서 신청한 점도 있다. 그때도 나는 아침 일찍 일어나서 책을 읽었다. 훈련이라고 책을 안 읽을 수는 없었다.

훈련 중 기상 시간은 아침 6시 30분이었다. 그러나 나는 5시에 일어났다. 어차피 오전, 오후 훈련 중에는 책을 읽을 수 없는 노릇이었기 때문에 나는 아침 독서 습관을 지키기 위해 좀 더 일찍 일어나 꾸준히 책을 읽었다. 당시 읽었던 책이 공교롭게도 아침, 새벽의 중요성과 힘을 알려 주는 책이었다. 바로 김태광 작가의 《천재작가 김태광의 36세 억대 수입의 비결, 새벽에 있다》였다.

잠을 자는 숙소에서는 책을 읽을 수 없었다. 다른 사람들이 모두 자고 있기 때문이었다. 그래서 나는 화장실로 가서 책을 읽기 시작했다. 행정반에 가서 양해를 구하고 책을 읽을 수도 있었다. 하지만 아침부터 행정반에 들어가서 이런저런 설명을 하는 것도 귀찮았다. 그래서 집중이 잘되는 화장실 변기에 앉아 책을 읽기 시작했다. 그런 나를 발견하고 나도 내가 징하다 싶어서 휴대전화로 사진을 찍었다. 당시 읽던 구절은 내가 새벽 독서를 하는 데 더욱 동기부여가 되는 부분이었다.

집중력이 높아지는 최적의 시간대는 아침이다

지금의 김태광 작가를 보면 처음부터 대단한 사람이었을 것이라고 착각하게 된다. 40대 초반에 자산이 100억 원대이기 때문이다. 남들은 평생 탈 수도 없는 슈퍼카를 몇 대씩이나 가지고 있다. 부동산도 30여 채가 넘는다. 그런 그도 젊은 시절 심각한 우울증을 겪었다. 매일 패배자 같은 기분을 느끼며, 돈이 없어 라면을 먹고 다녔다고 한다.

지금 생각해 보면 상상도 할 수 없는 말이다. 그런 김태광 작가도 저녁형 인간에서 새벽형 인간으로 전환하면서 우울증을 떨쳐 낼 수 있었다. 그리고 원고도 퀄리티 높은 수준으로 쓸 수 있게 되면서 자연스럽게 성취감과 보람을 느꼈다고 한다. 이후 꿈꾸던 삶을 이루고 현재의 대표 코치가 된 것이다.

이왕 독서를 한다면 한정된 시간에 가장 효과적인 독서를 하는 게 좋지 않을까? 가장 집중력이 높아지고 몰입할 수 있는 시간은 바로 아침이다. 이 시간에는 그 누구의 방해도 받지 않는다. 그뿐만 아니라 우리가 아는 유명한 성공자들도 아침 시간에 독서를 한다.

지금부터 독서 습관을 바꿔 보자. 저녁이 아니라 아침 시간을 이용해 습관을 길들여 보자. 습관을 들이는 데 어려움을 겪는다면 010.2682.7203으로 조언을 구해도 좋다. 내가 알고 있는 지식과 경험, 지혜를 나눠줄 것이다.

05

독서는
삶의 이정표를 제시한다

독서가 내 인생을 바꿨다.

– 오프라 윈프리 –

쓸모없는 점은 없다

"Connecting the dots."

스티브 잡스의 명언이다. 한때 우리나라에 '잡스' 열풍이 불었다. 오죽하면 '앱등이'라는 말도 생겼을까? '앱등이'는 맹목적으로 애플 제품을 사용하는 사람들을 안 좋게 말하는 단어다. 하지만 나는 스티브 잡스의 명언을 정말 좋아한다. 점들을 연결하기. 스티브 잡스는 그 어떤 점들도 쓸모없는 점이 없다고 했다.

지금 당장 쓸모없어 보이는 것들도 결국에는 나의 성장의 발판이 될 것이라는 믿음이다. 대학을 자퇴한 스티브 잡스는 캘리그래피 관런 강의를 청강했었다. '서체를 배워서 도대체 어디에 써먹을 수 있을까?'라는 생각이 들지만 그는 결국 당시에 배웠던 서체로 매킨토시를 만들 때 크게 활용했다.

점들이 명확한 선으로 된 시점

나 역시 내 인생의 큰 변곡점에는 아침 독서가 있었다. 각각의 점들이 모여서 선을 이루었다. 그 선들이 모여 면을 이루었다. 면들은 결국 '나'라는 입체를 이루게 되었다. 각 점들은 여러 가지 경험, 배움, 인맥 등등을 포함한다. 하지만 가장 큰 도움이 되는 점은 아무래도 독서다. 지금 보면 독서는 너무 작아서 점처럼 보이지도 않는다. 하지만 차곡차곡 모인 것들이 하나의 점을 이룬다. 그 점들이 모여서 어떤 기준과 같은 선을 만들어 낸다.

고3 시절의 나는 민성원 작가의 《민성원의 공부 원리》를 읽었다. 아침에 공부할 시간도 없던 그때, 그날은 정말이지 나도 모르게 그 책을 읽게 되었다. 그 책은 나를 강하게 끌어당겼다. 나는 단숨에 책을 읽었다.

단 한 권의 책도 읽지 않은 나에게 이 책은 하나의 빛처럼 다가왔다. 저자는 공부를 할 때도 꿈을 꾸라고 했다. 나는 그의 말을 믿었다. 실제로 그가 소개해 준 두 가지 일화는 정말 충격적이었다. 하나는 타이거 우즈의 일화였고, 다른 하나는 하버드생들의 일화였다.

타이거 우즈는 항상 자신이 닮고 싶은 사람을 A4 용지에 출력해서 자신의 방의 벽에 붙여 놨다. 그뿐만 아니라 타고 싶은 자동차, 집 등등 이루고 싶은 것들을 시각화했다. 그리고 그것을 보며 엄청난 노력을 했다. 미국 골프대회에서 우승한 다음날 아침에도 그는 평소와 같은 시간에 골프를 연습했다. 그때 나는 꿈과 노력이라는 신비한 힘을 알게 되었다.

다른 하나는 하버드생들의 일화였다. '하버드생' 하면 얼마나 대단한 사람들인가? 당시 고3인 나에게 하버드생은 거의 신과도 같았다. 그들은 나와 같은 사람이 아니었다. 하버드생들은 모두 성공하는 삶을 살 것이라고 생각했다. 하지만 조사 결과 그들 중에서도 꿈을 적고 다녔던 3%만이 대단한 성공을 이루었다는 것을 알게 되었다. 심지어 그들 중 하위 3%는 정말 최악의 삶을 살아갔다는 것을 알게 되었다. 어느 조직이든 상위 3%와 하위 3%는 극과 극이라는 것을 알게 되었다.

아침에 읽었던 그 책은 고3 시절의 공부를 더욱 열심히 하게 해줬다. 매일 나는 연세대에 입학하겠다는 꿈을 꾸었다. 당시 고등학교 선생님께서는 잘해 봐야 고대, 연대에 갈 수 있는 성적이라고 했다. 그리고 선생님께서는 서강대, 성균관대, 한양대에 도전하라고 했다. 하지만 나는 전혀 동요하지 않았다. 꾸준히 연세대에 합격한 나의 모습을 그렸다. 그리고 결과적으로는 서울대에 합격하게 되었다. 원하던 것보다 더 높은 결과를 얻어 신기했다.

대학 시절의 나는 정말 생각 없이 살았다. 그저 '좋은 대학 나왔으니 대기업 가서 일하면서 살면 되겠지' 싶었다. 꿈도 목적도 없는 삶이었다. 심지어 한 친구는 나에게 이런 말까지 했다.

"야, 생각 좀 하고 말해라. 넌 말할 때 뇌를 안 거치고 말하는 것 같아. 도대체 너한테는 뉴런이라는 게 있는지도 모르겠다."

이런 말을 들어도 나는 화나지 않았다. 왜 생각하면서 살아야 되는지도 모르겠고, 생각이 중요한지도 몰랐다. 그러던 중 〈서울대학교 리더십 콘퍼런스〉에서 만난 멘토 덕분에 독서를 하기 시작했다. 이때 나는 독서를 몰입해서 했다. 무조건 아침에 일어나자마자, 그리고 자기 직전까지 책을 읽었다.

나는 '나는 누구인가? 인생이란 무엇인가? 인생의 목적은 무엇인가? 어떻게 살아야 하는가? 인생에 정답이 있는가? 정답은 무엇인가? 행복은 무엇인가? 행복하기만 하면 되는가?' 등등 나와 인생에 대해 진지한 질문을 던지기 시작했다. 질문을 통해 나는 점점 인생의 방향과 목적을 설정하게 되었다. 점들이 명확한 선이 되는 시점이었다. 독서를 통해 찍었던 점들은 내가 가야 할 방향을 가리키고 있었다.

인생은 도화지에 점을 찍는 것과 같다

군대에서도 나는 끊임없이 아침 독서를 했다. 그러다가 점점 전역의 시기가 다가왔다. 어찌 되었든 내가 사업을 할 것이 아니라면 취업을 준비해야 했다. 그런데 당시 취업 시장을 보니 영어 필기 성적보다는 회화 성적이 더 필요했다. 나는 항상 새벽 4시에 일어나서 영어공부를 어떻게 해야 되는지 책을 찾아 봤다. 군인 신분이라 학원을 다니기는 현실적으로 어려웠다. 그래서 나는 시중에 나온 많은 책들을 읽었다. 그리고 가장 효과적이고 나에게 적합한 방법을 찾았다.

나는 매일 4시에 일어나자마자 삼성전자에 합격한 내 모습을 상상했다. 그리고 일기장에도 매일 '나는 삼성전자 신입사원이다'라고 적었다. 이 때문이었을까? 나는 삼성전자를 제외하고 지원서를 제출한 열 군데 이상의 기업에 모두 최종 탈락했다.

직장인이 된 나는 요즘도 아침 독서를 하고 있다. 꾸준히 내 인생이라는 도화지에 점들을 찍고 있는 것이다. 지금 보면 여기저기 흩뿌려지는 점들이다. '점은 찍히나?' 싶을 때도 있다. 하지만 아침 독서를 1년, 3년, 5년을 하다 보면 이 점들은 분명히 선이 될 것이라고 확신한다.

이 선들은 내가 생각하는 인생에서의 원칙이 된다. 선들이 모여 면이 된다. 면은 내가 인생을 바라보는 관점을 준다. 여러 가지 면이 생기면 그 면이 입체적인 '내'가 되는 것이다. 점들이 결국 나를 만들어 준다. 점들은 내가 어느 방향으로 어떻게 가야 할지를 정확히 알려 주는 이정표 역할을 한다. 조급하게 독서를 하지 말자. 인생은 도화지에 점을 찍는 것과 같다. 1년, 3년, 5년 꾸준히 하면 당신의 인생에 변화를 불러올 것이다.

06

아침을 지배하는 사람이 인생도 지배한다

시간을 지배할 줄 아는 사람은
인생을 지배할 줄 아는 사람이다.

— 에센 바흐 —

아침을 어떻게 보내느냐에 따라 하루가 달라진다

한때 유행하던 비유가 있었다. 바로 서울대 교수이기도 한 김난도 작가의 《아프니까 청춘이다》라는 책에서 나온 내용이다. 인생을 24시간이라고 가정하고 지금 나이가 하루 중 몇 시에 있는지 생각해 보는 것이다. 요즘 100세 시대라고는 하지만 계산의 편의를 위해 인생을 80세까지 산다고 가정해 보자. 20세는 4분의 1이니까 아침 6시다. 40세가 정오다. 60세가 저녁 6시다. 80세가 24시다.

다시 하루 일과를 생각해 보자. 보통 사람들은 아침 6시에 일어난다. 그리고 8~9시 정도에 자신의 일을 시작한다. 그리고 12시쯤 점심을 먹는다. 오전에 어떻게 일을 했느냐에 따라 오후의 일과도 달라진다. 즉, 20대 초반부터 30대 후반에 어떻게 살았는지에 따라 40대 이후가 달라지는 것이다. 그럼 오전은 어디에 영향을 받을까? 결국 아침에 무엇을 어떻게 하느냐에 따라 오전이 달라진다. 하루는 아침을 어떻게 보냈는지에 따라 달라진다는 것이다.

한동안 나는 아침에 아무것도 하지 않고 출근한 적이 있다. 너무 힘들었기 때문이다. 회사생활에서 스트레스를 많이 받았다. 누가 스트레스를 주는 것은 아니었다. 내가 나한테 스트레스를 주고 있었다. 당시 나에겐 꿈이 없었고 목적이 없었다. 그러니 하루하루가 즐거울 수가 없었다. 꿈과 목적이 없는 삶은 바다에 둥둥 떠다니는 배와 같았다. 갈피를 잡지 못하고 그저 떠 있기만 했다. 일하고 나서는 그저 동료들과 치맥하기에 바빴다. 어느 날은 다 잊자며 술을 진탕 마신 적도 있었다. 그렇게 저녁 늦게까지 술을 마시고 다음날 피곤함을 느꼈다. 악순환의 반복이었다.

그래서 아침에는 그저 잠이나 계속 자고 싶었다. 잠은 자도 자도 계속 자고 싶어지는 신기한 특성이 있다. 매일 회사를 가기 위한 최소한의 시간만 남기고 일어났다. 그리고 빠르게 출근 준비를 했다. 출근 준비하는 데는 40분이면 족했다. 그렇게 나는 허둥지둥 출근을 했다.

회사에 가면 해야 할 일들이 산더미 같이 많았다. 아침에 정신없이 출근한 나는 몰아치는 일을 그저 쳐내는 식으로 했다. 마치 하루살이처럼 일했다. 나에게 일의 우선순위는 없었다. 하루의 시작이 제대로 안 되니 자연스레 오전도 그냥 지나갔다. 어느 순간 정신을 차리고 보면 저녁이었다.

좋은 습관은 삶을 변화시킨다

좋은 습관은 우리를 성공으로 이끈다. 하지만 나쁜 습관은 삶의 구렁텅이로 밀어 넣는다. 앞서 말한 악순환이 반복되었던 나의 경험이 그러한 경우다. 당시 나쁜 습관은 내가 봐야 할 것을 못 보게 했다. 들어야 할 것을 못 듣게 했다. 그뿐만 아니라 믿어야 할 것을 믿지 못하게 했다. 사실 못하게 했다고 하는 것은 핑계다. 봐야 할 것을 보지 않은 것도, 들어야 할 것을 듣지 않은 것도 그리고 믿어야 할 것을 믿지 않은 것의 주체는 결국 나였다. 나쁜 습관에 물들어 있던 나는 삶에 있어 가장 중요한 것들을 놓치고 있었다. 그저 사는 대로 생각하게 되고 불평, 불만만 늘어 갔다.

그러던 중 나는 〈한책협〉의 김태광 대표 코치님을 만나게 되었다. 책을 통해 만난 것이다. 대표 코치님의 《김 대리는 어떻게 1개월 만에 작가가 됐을까》, 《가장 빨리 작가 되는 법》, 《반 꼴찌, 신용불량자에서 페라리, 람보르기니 타게 된 비법》 등의 책을 읽었다. 책을 읽다 보니 대표 코치님이 유명한 분이라는 것을 알게 되었다. 이제는 너무 바빠져서 아무나 만날 수 없다고 책에 적혀 있었다. 내가 대표 코치님을 만나기 위해 접촉을 했더니 먼저 대표 코치님의 저서를 읽고 독후감 5페이지 정도를 써서 보내라고 했다.

나는 단숨에 책들을 읽었다. 2019년 3월 7일 목요일 22시 37분에 독후감을 써서 메일로 보냈다. 아직도 생생하게 기억난다. 메일을 보내고 나서 '과연 읽어 줄까?'라는 생각이 들어서 잠도 오지 않았다. 답장이 오는지 안 오는지 수차례 메일을 확인했다. 00시에 답장이 왔다. 읽어 보겠다고 하셨다. 유명한 베스트셀러 작가님께서 내가 보낸 메일을 읽어 보다니 너무 기뻐서 소리를 질렀다. 그 후로 나는 대표 코치님의 책 쓰기 수업을 들었고 아침을 지배하기 시작했다.

나는 아침에 일어나면 제일 먼저 유튜브 채널 〈김도사TV〉와 〈네빌고다드TV〉를 시청했다. 책 쓰기 관련된 영상은 물론 의식 확장, 성공학, 돈 버는 방법에 관한 영상이 올라왔다. 매일 하루도 빠짐없이 아침에 일어나자마자 의식을 확장했다. 긍정적인 마인드로의 전환, 나도 할 수 있다는 믿음, 내가 꾸는 꿈이 반드시 이루어질 것이라는 확신 등 많은 것을 유튜브를 통해서 배울 수 있었다. 그저 아침 시간을 흘려보내는 사람에서 아침에 무엇인가를 하는 사람으로 변하고 있었다. 무엇인가는 다름 아닌 의식 확장과 하루에 대한 다짐이었다. 그뿐만 아니라 아침 독서도 반드시 했다.

해야 할 일이 명확해졌다. 바로 책을 쓰는 일이었다. 회사일은 주어진 시간에서 최선을 다해야 했다. 그래야 퇴근하고 2시간이라도 책을 쓸 수 있었다. 나는 매일 어떤 일을 해야 할지 리스트를 정리했다. 그리고 우선순위대로 일을 하기 시작했다.

인생은 하루가 쌓여 이루어진다

책이 출간되고 주위에서 많은 연락을 해 왔다. "도대체 언제 책을 쓴 것이냐", "분명히 나랑 똑같이 회사에서 일했는데 2년 전부터 쓴 것이냐", "원래 글쓰기에 소질이 있던 것이냐", "잠은 자면서 쓴 것이냐" 등등 대부분 깜짝 놀란 반응이었다. 그럴 만도 했다.

현재 직장인이면서 책을 출간하는 것은 이례적인 일이다. 그리고 직장 중에서도 업무 강도가 높기로 유명한 삼성전자를 다니면서 책을 썼다니 다들 놀라지 않을 수 없었다. 하지만 이 모든 것을 가능하게 한 것은 바로 '아침'에 있다. 저녁 늦게까지 책을 썼다면 다음날 회사 업무에 영향을 끼쳤을 것이다.

하지만 나는 절대 원고를 쓰면서 밤을 샌 적이 없다. 그저 아침에 남들보다 조금 일찍 일어난 것뿐이다. 새벽 4시에 일어나는 것은 도저히 안 되겠다고 느꼈다. 그래서 나는 5~6시 사이에 일어나서 원고를 썼다. 원고를 쓰지 않는 경우에는 아침 독서를 했다. 그리고 하루 동안 해야 할 일들을 정리했다. 책을 쓰기 위해서 해야 할 일, 회사에서 해야 할 일 등등 우선순위를 정하고 하루를 시작했다. 그러니 자연스레 회사일도 잘 처리되고 원고도 잘 써졌다.

하루 중 내가 어떤 저녁을 보낼지는 오후에 의해 결정된다. 오후는 오전에 내가 어떻게 지냈는지에 따라 달라진다. 오전은 아침에 내가 무엇을 어떻게 했는지에 따라 달라진다. 그리고 인생은 하루가 쌓여 이루어진다. 결국 아침을 지배하는 자는 하루를 지배하게 되는 것이다. 그리고 인생을 지배하는 것이다. 잠시 눈을 감고 생각해 보자. 당신은 아침에 무엇을 하는가?

07

아침 독서로
내 삶이 바뀌었다

작가는 타고나는 것이 아니라 만들어진다.
- 김태광 -

작가는 만들어지는 것이다

작가는 타고나는 것일까? 글쓰기 천재들만이 글을 쓸 수 있을까? 나는 절대 아니라고 생각한다. 왜냐하면 내가 작가가 되었기 때문이다. 나는 이미 저서가 2개나 있다. 그동안 나는 논술이나 글쓰기를 해본 적이 없다. 내가 해 본 것은 오직 수학, 과학 등의 이공계 공부가 전부였다. 내가 책을 쓴다고 누가 상상이나 했을까? 나의 지인은 나에게 이런 말도 했다.

"야, 네가 무슨 책을 써? 네가 책 쓸 주제는 있나?"

"네가 책을 쓴다고? 지나가던 개가 웃겠다."

"뭐, 끽해야 서울대 입학한 이야기? 공부 잘한 이야기? 에이, 세상에 공부 잘한 사람이 얼마나 많은데."

그들의 진정 어린 걱정과 염려에도 불구하고 나는 작가가 되었다. 내가 작가가 될 수 있었던 이유는 바로 만들어졌기 때문이다. 바꿔 말하면 책 쓰기 코치에게 잘 배웠다는 말이다. 나는 〈한책협〉의 '책 쓰기 과정'을 들었다. 그것도 김태광 대표 코치님에게 배웠다. 대한민국 최고의 코치에게 배우니 작가가 되는 것은 당연한 결과였다.

만약 나 혼자 책을 쓰려고 했다면 어떻게 되었을까? 아마 엄청난 시간을 투자하고도 결국 작가가 되기란 어려웠을 것이다. 보통 무명의 작가가 책을 출간하려면 엄청난 시간이 필요하다. 2, 3년이 걸려도 출판사와 계약조차 안 되는 일이 다반사다. 하지만 대표 코치님에게 제대로 배우니 작가가 안 될 수가 없었다. 나는 시간을 번 것이다.

아침 독서가 나를 작가로 만들어 주었다

2, 3년의 시간을 돈으로 환산하면 얼마나 될까? 돈으로 환산할 수 없지만 나는 엄청난 가치를 얻게 되었다고 자신한다. 벌게 된 시간에 나는 또 책을 쓴다. 나의 책은 점점 더 전문적으로 출간될 것이고 삶의 지혜들도 점점 더 책에 잘 녹아들 것이다. 시간을 벌었다는 것은 돈으로 환산할 수 없을 정도의 가치를 번 것이다.

'책쓰기 과정'에서는 스킬만 배울 수 있는 것이 아니다. 대표 코치님께서는 잠재의식과 의식을 확장하는 방법을 알려 주신다. 나의 꿈을 확신하는 것, 믿음과 확신으로 나아가는 것도 알려 주신다. 직장에 갇혀서 나를 못 믿었던 과거와 작별하게 해 줬다. 지금 나는 나에 대한 확신과 꿈을 이룰 수 있다는 믿음으로 하루하루 살아가고 있다. 행복과 자존감이 충만하지 않을 수 없다.

나는 대표 코치님께 배운 대로 나를 확신했다. 나는 단 한 번도 베스트셀러 작가가 안 된다는 생각은 해 본 적이 없다. 베스트셀러 작가가 되겠다는 꿈을 종이로 출력했다. 그리고 책상 앞, 옆, 현관문, 화장실 문에 모두 붙였다. 아침에 일어나자마자 그리고 저녁에 자기 직전에 꼭 꿈을 외쳤다.

"나는 베스트셀러 작가다!"

그렇게 나의 첫 책이 출간되었다. 그리고 나는 단숨에 베스트셀러 작가가 되었다.

내가 작가가 되는 데에는 잠재의식을 확신한 것이 제일 컸다. 그리고 현실적이고 실질적인 요소로는 아침 독서가 있었다. 나는 아침마다 항상 독서를 했다. 김태광 작가의 《김태광, 나만의 생각》, 《천재 작가 김태광의 36세 억대수입의 비결, 새벽에 있다》, 《출근 전 2시간》 등을 읽었다. 책을 읽으면서 항상 펜을 들었다. 밑줄을 그으며 중요한 부분에는 별표도 했다. 다시 보고 싶은 부분은 모서리도 접었다. 그리고 여백에는 글을 읽고 든 생각들을 정리했다.

2019년 4월 30일 화요일, 나는 〈미다스북스〉 출판사와 《퇴근 후 1시간 독서법》을 계약했다. 그리고 퇴고를 했다. 2019년 5월 17일, 나의 책이 온라인 예약판매를 시작했다. 2019년 6월 11일, 드디어 나의 책이 세상에 나왔다. 나는 정말 작가가 되었다. 거장에게 제대로 배우고 나에 대한 끝없는 믿음과 확신 그리고 아침 독서가 나를 작가로 만들어 주었다.

책 출간 후, 제2의 삶이 시작됐다

작가가 되고 정말 많은 것들이 바뀌었다. 하나는 베스트셀러 작가가 되었다는 것이다. 2019년 6월 3일에 내 책에 대한 기사가 〈메디컬리포트〉라는 곳에 실렸다. 예약판매 중에 '베스트셀러'에 진입했다는 소식이었다. 2019년 6월 6일, 〈아시아뉴스통신〉에도 실렸다. 예약판매로 교보문고 종합 베스트에 진입했다는 소식이었다. 나의 책은 예약판매 기간 동안에만 자기계발 분야 베스트셀러에 진입했다. 그리고 3일 만에 YES24와 교보문고에서 종합 베스트셀러에 진입했다.

그뿐만 아니라 네이버에서 나의 첫 책《퇴근 후 1시간 독서법》을 검색하면 '베스트셀러'라는 스티커도 붙어 있다. YES24에서 검색하면 자기계발 분야 'TOP100 2주'라는 타이틀도 걸려 있다. 이후에도 수많은 독자들께서 나의 책을 구매했다. 그리고 나에게 사인을 받아 갔다. 심지어 부산의 삼성생명에서 근무하는 직장인도 나에게 연락했다. 독서 습관을 기르고 싶었는데 마침 책을 구매했다고. 그리고 책을 단숨에 읽었다며 고맙다고 연락이 왔다. 앞으로 독서를 잘해 보겠다고 다짐하면서 말이다.

어디 이뿐인가? 〈조선일보〉에도 나의 기사가 실렸다. '위클리 조선' 부문 중 책 소개 코너였다. 나는 너무 자랑스러운 나머지 카카오톡 배경화면으로 설정했다. 지면에는 트럼프와 시진핑이 있었다. 나의 기사가 난 것도 신기한 일인데, 미국과 중국의 대표 두 명과 함께 한 지면에 나란히 실려 무척 신기해했다.

나는 책을 출간하고 삶에 많은 변화가 생겼다. 겉으로 보이는 것 외에도 내적인 변화도 있었다. 이제 나는 삶을 '배움터'라고 생각하고 있다. 예전에는 짜증났던 모든 일들이 이제는 나의 책 사례가 될 수 있다. 힘든 일도 사례가 될 수 있다. 그렇게 받아들이니 삶 자체가 즐거워졌다. 나는 항상 겪는 모든 것을 지나치는 법이 없다. 경험한 것들이 내 책의 사례로 활용할 수 있을지 생각해 보며 살아가고 있는 것이다.

떠오르는 생각들은 바로 정리한다. 그리고 한곳에 모아 둔다. 생각들을 모아 둔 것들이 언제 나의 책에 등장할지 모른다. 생각을 정리하고 글로 표현하면서 나의 필력은 점점 높아진다. 언젠가 대한민국 종합 베스트셀러 1위에도 나의 이름 '정소장'이 걸릴 것이라 확신한다.

아침 독서는 삶을 변화시킨다

아침 독서는 많은 것을 바꾸어 주었다. 먼저 나를 작가로 만들어 주었고, 세상에 나의 이름을 알렸다. 또한 나의 내면의 변화에도 도움을 주었다. 원래도 긍정적이었지만 더욱 긍정적인 사람이 되었다. 나는 지금 겪는 모든 것이 배움이라는 생각을 하며 살아간다. 아무리 힘들어도, 짜증이 나도 언젠가 나의 책에 사례로 들어갈 것이라고 생각하면 즐거워진다. 멘탈이 강해졌다고 할 수도 있다. 이제 이 책을 읽은 독자분들도 아침 독서로 삶을 변화시키길 바란다.

몸값 높이는 독서의 기술

초판 1쇄 인쇄 2019년 9월 16일
초판 1쇄 발행 2019년 9월 18일

지 은 이 **정소장**
펴 낸 이 **권동희**
펴 낸 곳 **위닝북스**
기　　획 **김도사**
책임편집 **박고운**
디 자 인 **이선영**
교정교열 **김진주**
마 케 팅 **포민정**

출판등록 **제312-2012-000040호**
주　　소 **경기도 성남시 분당구 백현로97 다운타운 2층 201호**
전　　화 **070-4024-7286**
이 메 일 **no1_winningbooks@naver.com**
홈페이지 **www.wbooks.co.kr**

ⓒ위닝북스(저자와 맺은 특약에 따라 검인을 생략합니다)
ISBN 979-11-6415-035-9 (13190)

이 도서의 국립중앙도서관 출판도서목록(CIP)은 서지정보유통지원시스템
홈페이지(http://seoji.nl.go.kr)와 국가자료공동목록시스템(http://www.nl.go.
kr/kolisnet)에서 이용하실 수 있습니다.(CIP제어번호: CIP2019033757)

위닝북스는 독자 여러분의 책에 관한 아이디어와 원고 투고를 설레는
마음으로 기다리고 있습니다. 책으로 엮기를 원하는 아이디어가 있으신 분은
이메일 no1_winningbooks@naver.com으로 간단한 개요와 취지, 연락처
등을 보내주세요. 망설이지 말고 문을 두드리세요. 꿈이 이루어집니다.

※ 책값은 뒤표지에 있습니다.
※ 잘못 만들어진 책은 구입하신 서점에서 교환해 드립니다.